図解 新版

なるほど! これでわかった

よくわかるこれからのヒューマンエラー対策

製造現場を悩ませるヒューマンエラーの
[起因=エラーの元である人間の認知特性]
[誘因=悪影響のある環境条件]
[現象=実際のエラー]に有効な現実的対策を解説する

吉原靖彦

同文舘出版

まえがき

あらゆる産業分野での生産活動やサービス活動、またそれらを構成している作業、動作または業務などで、人が関与しないものはないでしょう。

第二次産業である製造活動で見ると、そこで用いる設備、行なう活動の方法、使用する材料や部品は人が考えてつくり上げたものです。そして、それを人が活用して、加工・組み立てなどの製造段階をへて成果物を生み出しています。

製造作業を行なう過程で、人は「作業に関連する情報の認識」やそれに基づく「行動の実施」などの各段階で、ミスやエラーを引き起こします。つまり、ヒューマンエラーです。

ミスやエラーを起こすのは、人の人たるゆえんともいえますが、その結果、生産活動のアウトプットである、「P：生産性、Q：品質、C：コスト、D：納期」などの直接的な製造活動の目標を損なうだけでなく、S：安全性やM：モラールの面にも影響をおよぼし、多大な生産上のロスを生じています。

このヒューマンエラーによる生産ロスを低減するために、エラー発生防止の改善活動が、各分野で行なわれてきました。たとえば製造現場では、以前から機械や設備装置関係で、ヒューマンエラーである人の操作の勘違い、忘れなどを予防する工夫として、「フールプルーフ（ポカヨケ）」と呼んでいるミス防止策が工夫されてきました。

近年はヒューマンエラーへの対策がより重要視されるようになり、品質マネジメントであるISO9001：2015年版でも、品質向上のためにヒューマンエラー対策を実施することが求められるようになりました。

これは、製造面では自動化やIT化が急速に進み、「人」起因の製造不具合が、よりウエートを高めていることにもよります。

本書では製造段階で発生する「人」起因の製造不具合を対象に、その発生の様相から、製造不具合（品質不良、作業ミス、設備破損、労働災害など）への発展の姿、そして対策の取り組み方を体系的に理解できるように、次のような内容構成で説明しています。

1章では、製造段階で現われるヒューマンエラーの姿と、その対策の方向について。2章では、ヒューマンエラーを引き起こす誘因を多面的に考察します。

3章では、ヒューマンエラーを起こす、人間の認知特性とエラー発生の姿を説明します。

4章では、ヒューマンエラー防止対策の取り組み方の基本、対策の進め方を説明し、5章では、ヒューマンエラー発生の原因追究の手法をまとめて解説しています。

6章から8章では、ヒューマンエラー発生防止の方策や手法を、「モノ・作業方法面」「設備・治工具面」「マネジメント・人の面」に分け、製造現場に直結した内容で理解していただき、あわせてヒューマンエラーの早期発見の方策や手法を解説しています。

10章では、製造業の経営環境の変化をにらみ、ヒューマンエラーの側面での対応ポイントを説明しています。

本書は「製造現場におけるヒューマンエラー対策」に重点を置き、現場で活用しやすい内容になっています。読者各位において製造不具合の改善にお役に立つことを願っています。

本書の出版にあたっては、同文舘出版の古市達彦氏に大変お世話になりました。ここに深く感謝の意を表します。

2023年5月

吉原靖彦

新版　図解　よくわかる これからのヒューマンエラー対策●もくじ

2章 ヒューマンエラーを引き起こすメカニズム

3章 認知特性とエラーの種類・分類

4章 ヒューマンエラー防止対策の取り組み方

5章 ヒューマンエラーの分析手法

6章 ヒューマンエラー発生防止への道① モノ・作業方法の改善策

7章 ヒューマンエラー発生防止への道② 設備・治工具の改善策

8章 ヒューマンエラー発生防止への道③ マネジメント・人の面の改善策

9章 ヒューマンエラー早期発見への道

10章

これからのヒューマンエラー対策

カバーイラスト　野崎　一人
DTP　春日井　恵実

1章

モノづくりのリスクとヒューマンエラー

SECTION 1

ヒューマンエラーは
製造作業の落とし穴

製造作業における ヒューマンエラーとは

製造作業は人が行なうため、常に作業実施面でヒューマンエラーというリスクに直面している。生産性向上にはヒューマンエラーの防止が大切。

●モノづくりではミスがつきもの

製造作業の現場では、日々、様々な問題点が出てきます。たとえば品質関連では、「うっかりA部品とB部品を取り違えて組み付け、出荷してしまった！」、作業関連では、「加工作業でワークを治《じ》具《ぐ》に固定するとき、締め付け圧力の調整をぼんやりして間違え、加工中にワークが飛んでしまった」などです。品質面、作業面だけでなく、事務・業務でも様々な形のミスが発生していて、製造効率や生産性低下の要因となっています。

●ミスの多くはヒューマンエラー

モノづくりで人の関与していない作業はなく、製造不具合の多くは、いわゆる「ヒューマンエラー」に分類される、人的要因で発生しています。

ヒューマンエラーとは、人の行動による誤りや失敗のことで、JIS Z8115:2019『信頼性用語』では、「意図しない結果を生じる人間の行為」と規定しています。

ヒューマンエラーの発生要因は、個人の不注意だけではありません。個人の不注意に原因を押しつけて、注意の喚起や研修などの対策だけでヒューマンエラー撲滅を目指しても限界があります。

ヒューマンエラーは、エラーを引き起こす「人」そのものに内在する人間特性と、その「人」を取り巻く様々な環境との相互作用で発生します。

最近ではその環境として、物理的な作業環境だけでなく、直接の作業者・担当者はもちろんのこと、管理職の意識も含めて、人間関係の要素も重要視されています。

●仕事は突き詰めると「人」の問題だ

人は作業や業務を実施するだけでなく、その計画や準備、指示などの面でも関連し、人が関連しない作業や業務のステップはありません。

企業が最終的に、その目的・狙いである「仕事の効率向上」と「顧客満足度の向上」を追求するには、基本である作業や業務の質を高めることが欠かせません。

近年その重要性の認識が高まり、ＩＳＯ９００１：２０１５年版でも、製造を行なう段階でヒューマンエラー防止対策の実施を求めています。

作業におけるヒューマンエラー

製造不具合とヒューマンエラー

製造不具合

- 品質低下につながる不具合
- 設備非稼働につながる不具合
- 作業効率低下につながる不具合
- 安全低下につながる不具合

ヒューマンエラー

- 見間違いで違うレバーを操作
- ぼんやりしていての作業のやり忘れ

など

非ヒューマンエラー

- 設備の機能や構造面の不備
- 設計(製品や治工具《じこうぐ》)の技術不足
- 作業手順書の技術的検討不足

など

ヒューマンエラーが発生する仕組み……人間特性と環境

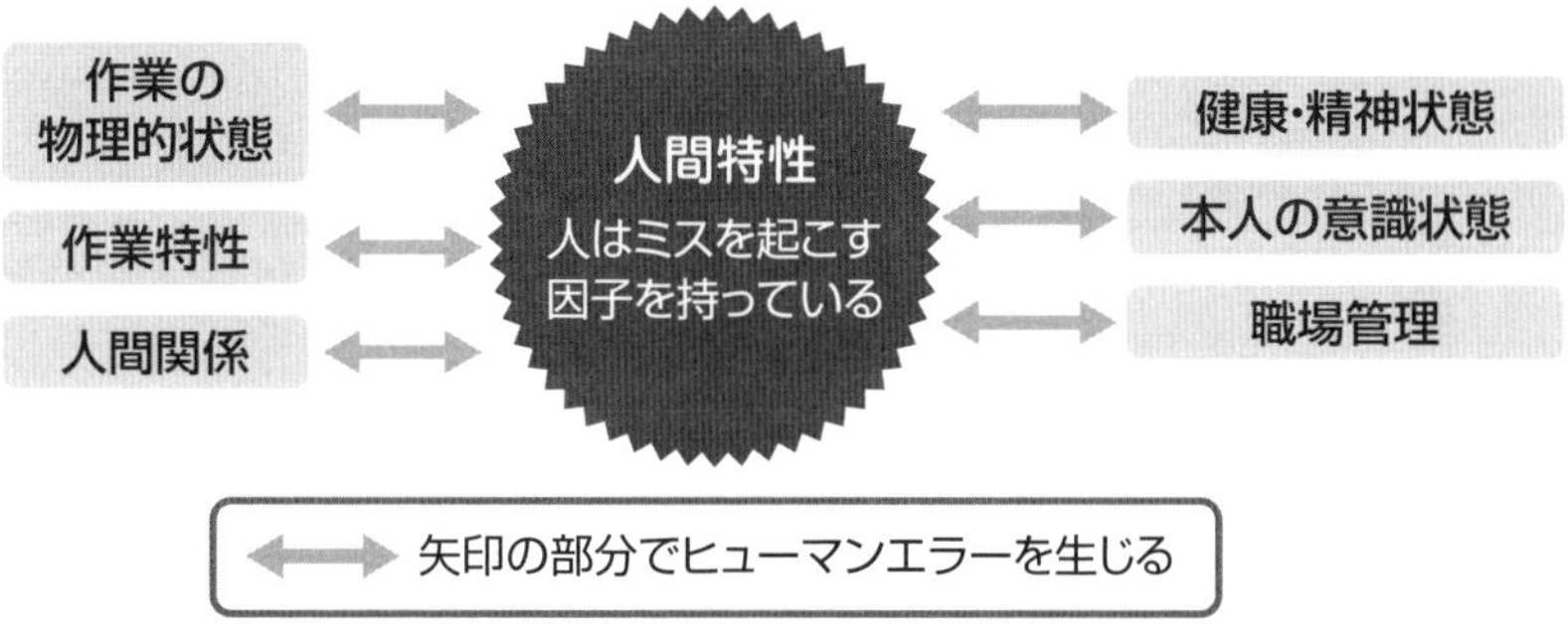

ISO9001でも重要視しているヒューマンエラー対策

8.5.1　製造及びサービス提供の管理（ISO9001:2015年版）

組織は、製造及びサービス提供を、管理された状態で実行しなければならない。次の事項のうち該当するものについては、必ず含めなければならない。[a)〜h)があり、g)以外は省略]

g) ヒューマンエラーを防止するための処置を実施する。

SECTION 2

ヒューマンエラーは頻度も影響度も大きい

製造作業におけるヒューマンエラーの深刻さ

設備そのものの不具合、原材料の不具合などと異なり、人の行為によるエラーであるヒューマンエラーは、多種多様な側面と要因があり、複雑な様相を呈している。

●ヒューマンエラーの深刻な特徴

・一つひとつのヒューマンエラーは小さいが、深刻な損失や被害に急速に拡大する（例：ちょっとした部品の選択ミスで重大クレームに拡大する。ボタンの押し間違いが、即製品不良となる）

・ミスを起こす要因は、すべての人が持っているので、あらゆる作業段階でヒューマンエラーが起こり得る（例：計画や準備のミス、実施のミス、確認のミス）

・一人ひとりの能力や特性・個性は異なっている。そのためヒューマンエラーは異なった様相で現われることが多く、対応方法は人に応じた、また場面に応じた方法が必要なため、防ぎにくい

・ヒューマンエラーを起こす原因の根が深く、予測しがたい面がある

●根絶しがたいヒューマンエラー

製造現場では、その製造内容が常に変化しています。

・製造する製品が常に変化している

・製造に関わる人の入れ替わりも日常的に発生している

・お客様ニーズも常に変化している（要求される品質水準、短納期化、コストダウンの要求による作業方法の見直しなど）

このような変化がなければ、また投資する金額の制約がなければ、ハード・ソフト面の抜本的な対策も可能な場合があります。

しかし、こうした変化に常に直面している中で、効率的な活動を進めるのが使命の生産現場では、容易には対応できない場合が多いのも現実です。

●ヒューマンエラーへの取り組み方

このようなヒューマンエラーの実態を踏まえて、作業内容や作業環境、組織面の実際などを的確に把握、分析したうえで、ハードウェア的な対応だけにこだわることなく、ヒューマンエラーの発生防止策を、多面的に進めることが大切です。

生産現場の改善では、「作業改善を徹底的に進め、そのあとに設備改善を検討しろ」がその原則です。

ヒューマンエラー対策でも同様に、「管理方法や作業方法の改善を徹底的に進め、そのあとに設備や道具などの改善を検討しろ」が原則です。

ヒューマンエラーの深刻さ

ヒューマンエラーを引き起こしたときの言葉(言い訳)

- ぼんやりして
- うっかりして
- 思い込んで
- ついつい
- 何気なく
- ボーッとして
- そそっかしくて
- 慌ただしくて
- 気をとられて
- 見落として
- 忘れて
- 勘違いして
- 判断を間違えて

↓

顕在化する生産面の不具合

- 品質不良
- 納期遅れ
- 製品・部品の廃棄
- 設備破損
- 労働災害の発生
- 環境汚染事故の発生

↓

経営への圧迫（損失の発生）

- 生産性低下
- クレームの発生
- リコールの発生

信用の失墜

↓

受注機会の喪失

↓

経営危機

SECTION 3 ヒューマンエラーをリスクとしてとらえる

ヒューマンエラーの発生頻度

ヒューマンエラーの発生傾向を定量的にとらえると、その防止対策も合理的に行なえる。

●ヒューマンエラーの評価

ヒューマンエラーの防止対策・改善を考えるときに、ヒューマンエラーによる影響度合、すなわちリスクの程度を見極めることは有効です。

すなわちリスクの見積もり（リスクアセスメント）を行なっておくと、以下のようにヒューマンエラー防止への取り組みが効果的に展開できます。

「リスクの大きさ」＝「発生の可能性」の大きさ×「影響の重大度」の大きさ

・ヒューマンエラーの〝悪さ〟の度合を客観的に認識できる
・どのヒューマンエラーから改善に取り組めばいいのかが明確になる
・ヒューマンエラーの改善の方向として、発生の可能性の高いものはその発生頻度を下げるように、影響の重大度の大きいものは影響を極力受けないように進められる

●ヒューマンエラーの発生確率

製造現場におけるヒューマンエラーの発生確率は、そのハード的・ソフト的条件などにより、大きく異なってきます。したがって、その発生確率に影響する条件などについての知識や情報を元に、適切な選択をすることも欠かせません。

たとえば、表示装置としてはアナログ式よりデジタル式の表示方式のほうが読み取りミスが少なくなります。一方で、アナログ式のほうが、時系列的な値の傾向を認識するのに適しているという面もあります。その特性を考慮して、表示装置を選択することが必要です。

●発生確率におよぼす影響

作業者のストレス状態も、ヒューマンエラーの発生確率に大きく影響しています。ストレス（作業時の緊張感）は低ければいいというものではなく、適度なレベルのストレスはヒューマンエラーの発生を防ぐ効果があります。

左ページの「ヒューマンエラーの発生確率」は最適なストレスレベルの下で行なう場合の数値です。ストレスが非常に低い場合は、この数値の2倍、適度に高いストレスの下では2〜5倍、非常に高いストレス下では10回に4回くらいのミスが発生するという報告もあります。

人はこんなにも間違える

ヒューマンエラーの発生確率	
メーターの読み取りミス ● アナログメーターの場合 ● デジタルメーターの場合	 1,000回に3回 1,000回に1回
ラベル表示のみの同型の操作器の中から誤って選択	1,000回に3回
誤った方向に回転させる ● 常識的回転方向 ● 常識と逆の回転方向	 10,000回に5回 100回に5回
2つ以上の隣り合ったバルブから誤ったバルブを選択する	1,000回に5回
4桁以上の数字を誤って記録する	1,000回に1回
単純な算術ミス	100回に3回
表示灯の警報を見逃す	10,000回に1回
口頭で与えられた指示を忘れる	1,000回に1回
電話でのダイヤルプッシュミス	20回に1回
単純作業（繰り返し）のエラー	100回に1回

（林喜男『人間信頼性工学－人間エラーの防止技術』海文堂出版 1984年 をもとに作成）

SECTION 4 ヒューマンエラーは複合汚染

ヒューマンエラーとハインリッヒの法則

小さいエラー（ヒューマンエラー）の積み重ねや、それらの相関関係で製造不具合が発生するケースが多い。

●ハインリッヒの法則

ハインリッヒは、アメリカの生命保険会社で災害統計を専門に研究していた人で、労働災害における経験則として、「1つの重大事故の背後には29の軽微な事故があり、その背景には300のヒヤリ・ハットが存在する」と発表しました。そして重大災害を防止するためには、事故や災害に発展することが予測される「ヒヤリ・ハット」という初期段階で対処していくことが必要だと主張しました。

●製造ミスとハインリッヒの法則

ハインリッヒの法則は労働災害の実態調査の中から導き出された法則ですが、ヒューマンエラーに伴って生じる製造事故や品質ミス、作業ミスなどの製造不具合についても、同様の見方ができます。

「大きなヒューマンエラーに起因するミスの背後には、29の軽微なヒューマンエラーがあり、その背後には300のヒヤリ・ハットしたヒューマンエラーがある」

したがって、ミスを防止するには「ヒヤリ・ハット」したヒューマンエラーを減らす努力が大切です。

●「スイスチーズモデル」とは？

事故では、「スイスチーズモデル」というものがあります。

事故や品質不良などの危険の芽（ヒューマンエラーなど）はどこにでも存在し、いつでも事故やミスになる危険性を持っています。

このような事故やミスを防ぐために、通常われわれは何重もの防護策を施し、事故に至ることを防ぐようにしています。

しかし、いずれの防御策にもスライスしたスイスチーズのように、大小の穴（個々の防御策の弱点や対策の漏れ、ルールの不順守など）が開いており、それらの穴がたまたま一直線に並んでしまったときに、危険の芽はその穴を通り抜けて、事故やミスに至ってしまうのです。

防御策は設置すればいいというものではありません。職場の全員でその防御策を最良の状態に維持し、守るという維持管理、また製造の条件が変われば見直しをするといった変更管理を確実に行なっていかないと、事故やミスは防げないのです。

ハインリッヒの法則とスイスチーズモデル

ハインリッヒの法則

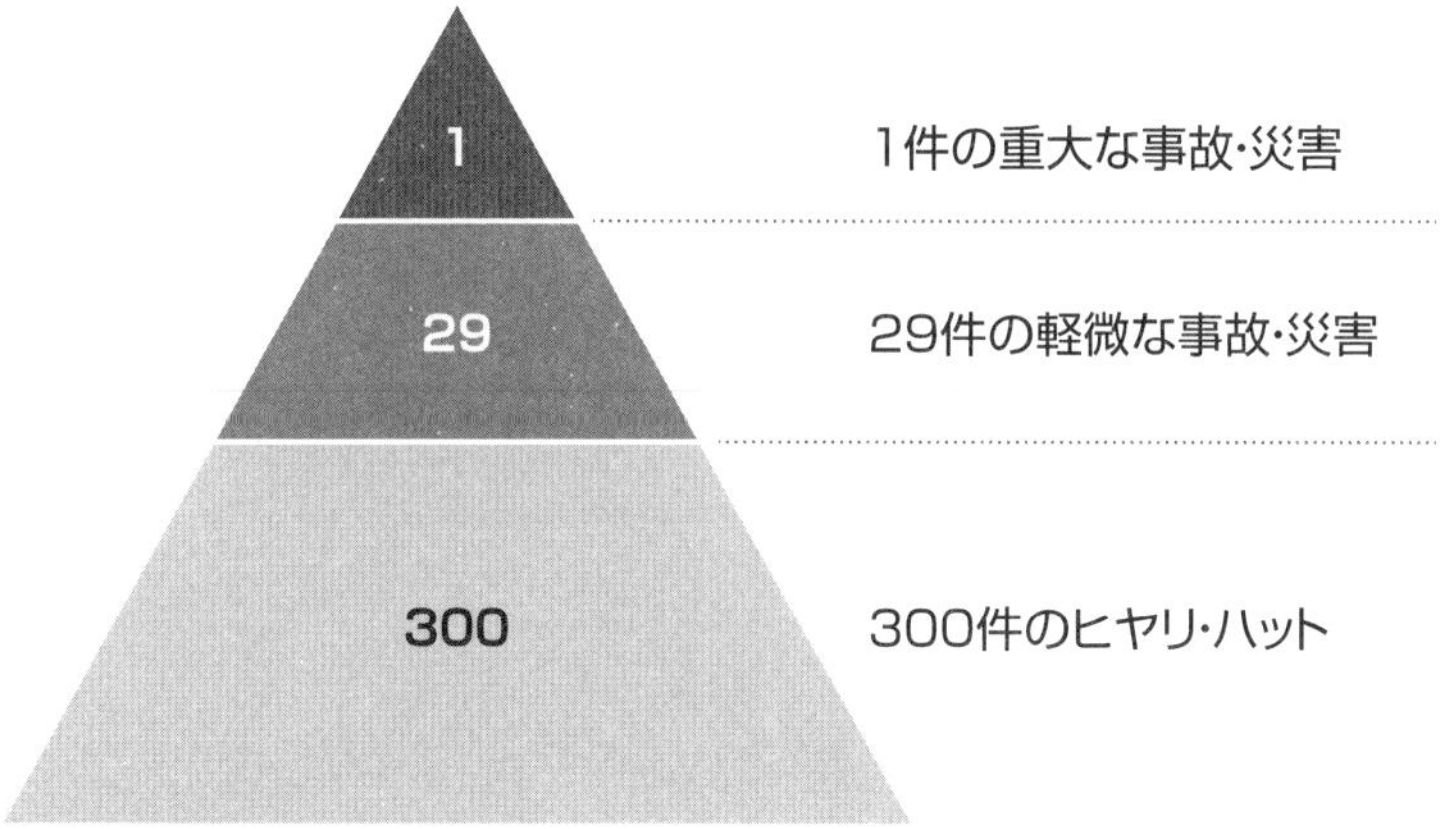

ハインリッヒの法則

『1つの重大事故の背後には29の軽微な事故があり、その背景には300の異常(ヒヤリ・ハット)が存在する』

スイスチーズモデル

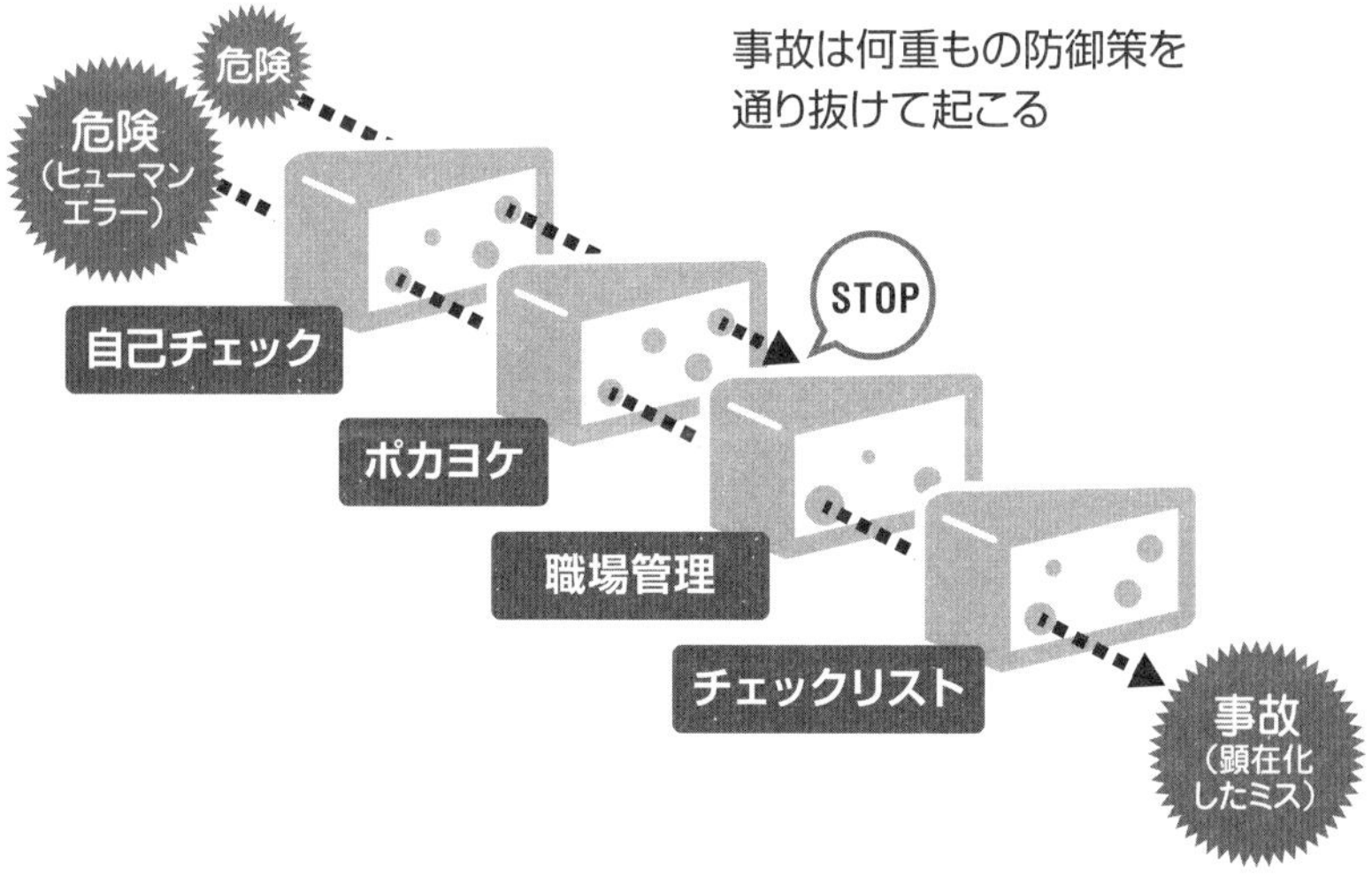

SECTION 5 ヒューマンエラーには流れがある

ヒューマンエラーの誘因・起因・現象

ヒューマンエラー発生の流れを把握することは、ヒューマンエラー防止対策に欠かせない。

●ヒューマンエラーの本質をつかむ

製造作業の中で発生する各種のヒューマンエラーの問題に取り組むには、そのヒューマンエラーと製造不具合との関連、発生の姿（構造）を明確にすることが必要です。「何が直接の原因か」「その原因を引き起こすきっかけは何か？」「そしてそのきっかけからどのような製造不具合の現象が起こるのか」を、明確にすることが欠かせません。

●ヒューマンエラーの元は何か

ヒューマンエラーが生じる元は、人間の認知特性の中にあります（くわしくは2章参照）。

人間の認知特性とは、人が視覚・聴覚・触覚・味覚・嗅覚の五感を通じて外界の情報を取り入れ（認知段階）、それに対し目的を達成するための判断を行ない（判断段階）、判断結果にしたがって身体部位に行動命令を出す（行動段階）、という一連のシステムです。

この各段階が的確に行なわれていればいいのですが、何らかの環境の影響（**「誘因」**という）により、各段階で誤りが発生する可能性があります。これが人間の認知特性による「エラーの元」（**「起因」**という）です。

●「起因」を生みやすくする「誘因」

人の認知システムは取り巻く環境条件がよければ、めったなことではエラーは発生しませんが、悪影響を与えるような環境条件（誘因）であれば、ヒューマンエラーを生み出します。この環境にはいろいろな側面が関係してきます。たとえば作業環境。作業環境として作業場の明るさ、振動、騒音などがあり、これらが人の認知システムに影響を与えます。

●ヒューマンエラーの「現象」

作業を取り巻く環境の悪条件が重なって、「エラーの元：起因」から出てくる**「現象」**が、一般的にいう「ヒューマンエラー」です。ヒューマンエラーの現象には、「うっかりミス：**スリップ**」「うっかり忘れ：**ラプス**」「思い違い：**ミステーク**」「意図的・意識的違反：**バイオレーション**」という類型があります。

このヒューマンエラーの現象を防御しきれないと、製造不具合が起こります。

ヒューマンエラーの誘因・起因・現象

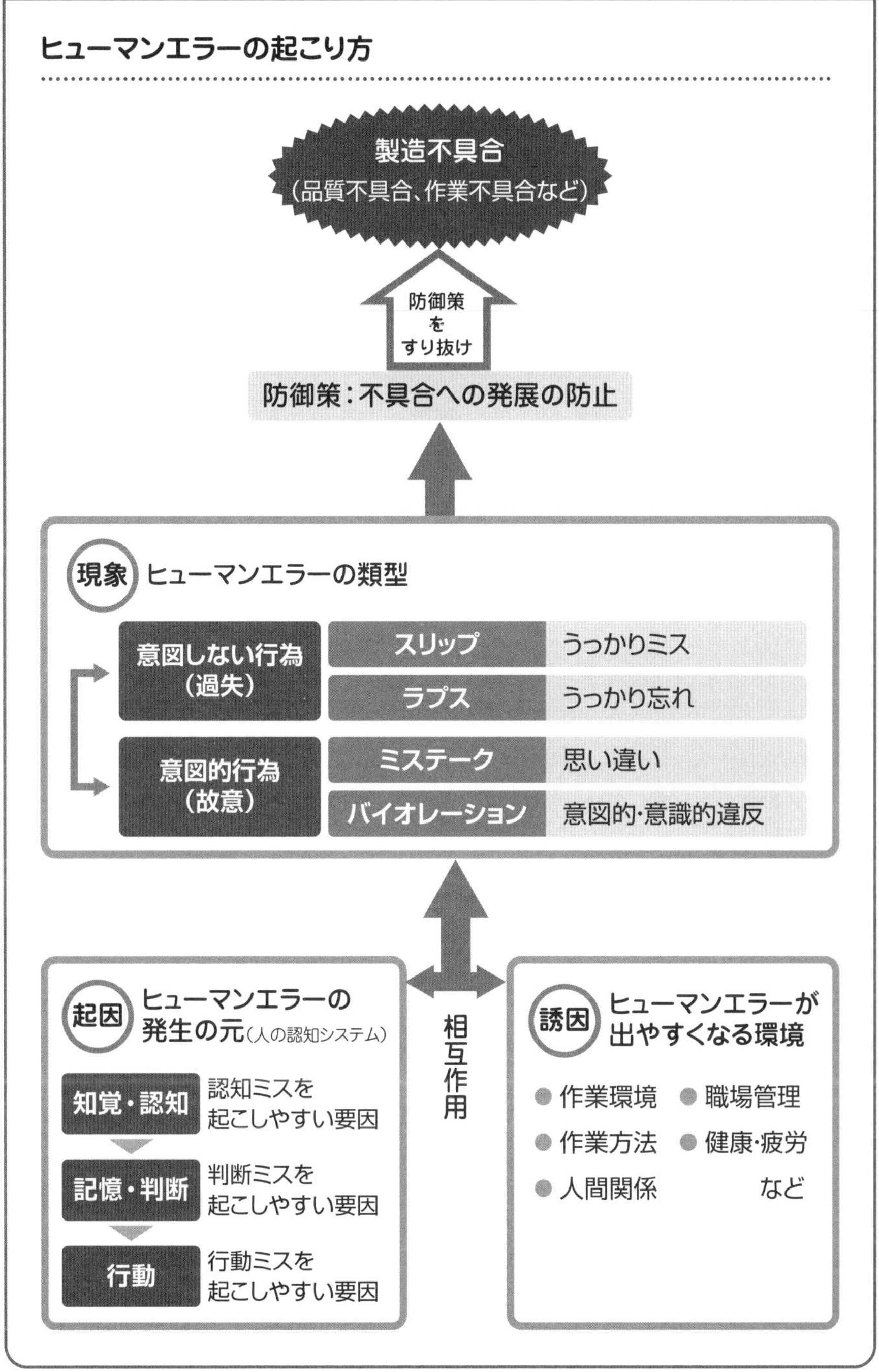
ヒューマンエラーの起こり方
製造不具合
（品質不具合、作業不具合など）
防御策
を
すり抜け
防御策：不具合への発展の防止
現象 ヒューマンエラーの類型
意図しない行為
（過失）
スリップ
うっかりミス
ラプス
うっかり忘れ
意図的行為
（故意）
ミステーク
思い違い
バイオレーション
意図的・意識的違反
相互作用
起因 ヒューマンエラーの
発生の元（人の認知システム）
知覚・認知
認知ミスを
起こしやすい要因
記憶・判断
判断ミスを
起こしやすい要因
行動
行動ミスを
起こしやすい要因
誘因 ヒューマンエラーが
出やすくなる環境
作業環境
職場管理
作業方法
健康・疲労
人間関係
など

SECTION 6 ヒューマンエラーは生産の各段階に影響する

ヒューマンエラーと生産の各側面との関連

間接的に製造不具合につながるヒューマンエラーは、生産の前段階としての受注・設計・購買などの各プロセスでも起きている。

●製造業の目標と生産の目的

製造業の究極の目標は、「勝ち抜く企業になる」ことです。

この目標を達成するには、生産の目的（狙い）としてのQ（品質の達成）、C（コストの低減）、D（納期の順守）の質を高めることが欠かせません（目的を広く設定すると、左ページの図のようにPQCDSMとなります）。

●ヒューマンエラーとQCD

QCDは経営資源である4Mを用いて生み出されます。したがって、QCDの質を高めるには、4Mの質を高める必要があります。

生産のインプットである4Mのそれぞれは、アウトプットであるPQCDSMのそれぞれに関連して影響を与えます。

その構図を左ページの図が示しています（一つひとつの関連性が、図の各セルに現われてくる）。

4Mの一つである人（Man）に関して見てみましょう。

人の質が低い場合、言い換えると人の能力に問題があり、多くのヒューマンエラーを生じている状態だと、そのヒューマンエラーがPQCDSMに影響し、結果として企業の競争力は高まりません。

具体的には、組み付け作業関連のヒューマンエラーが起きると、その品質不具合によって再組み付け作業が必要になります。そして、再組み付け作業によって作業遅れが発生し、納期遅れの要因となります。

●ヒューマンエラーは事務、業務面でも問題を生じる

ヒューマンエラーの影響があるのは、製造の実施段階でのQCDだけではありません。

QCDを生み出す製造の計画段階や手配段階での、各種の業務や事務作業においてもヒューマンエラーが生じるリスクは存在します。

そのリスクは受注手配ミス、設計ミス、計画ミス、調達ミス、作業手配ミスなどのいわゆる事務ミスにつながります。

このような視点から、ヒューマンエラー対策は全社改善活動として展開するのが望ましいといえます。

ヒューマンエラーの「生産の目的」への影響

生産システムのインプットとアウトプット

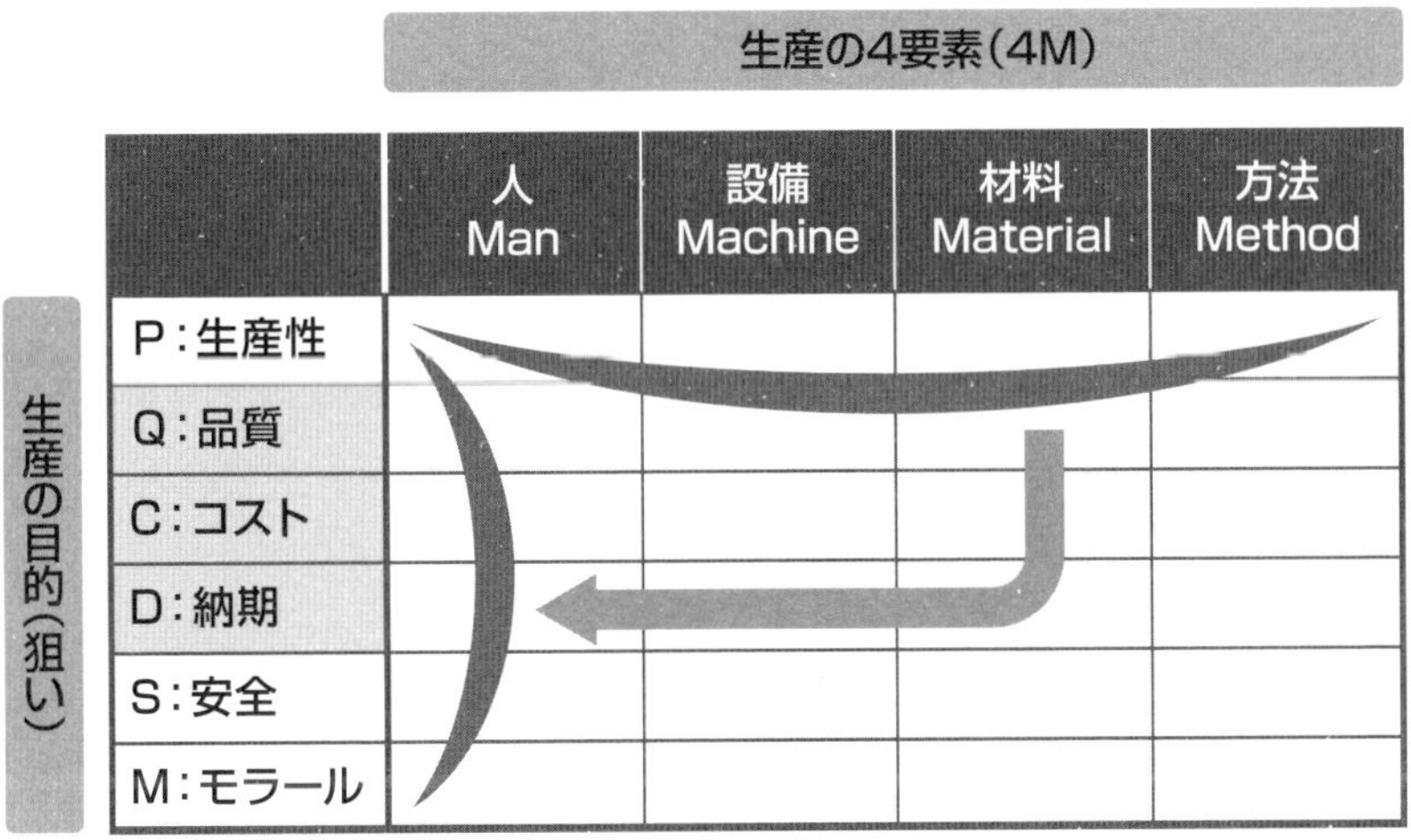

生産の目的(狙い)

P:生産性 (Productivity)を高める
Q:品質　(Quality)を高める
C:コスト (Cost)を下げる

D:納期　(Delivery)を順守する
S:安全　(Safety)を確保する
M:モラール(Morale)を高める

生産プロセスとヒューマンエラー

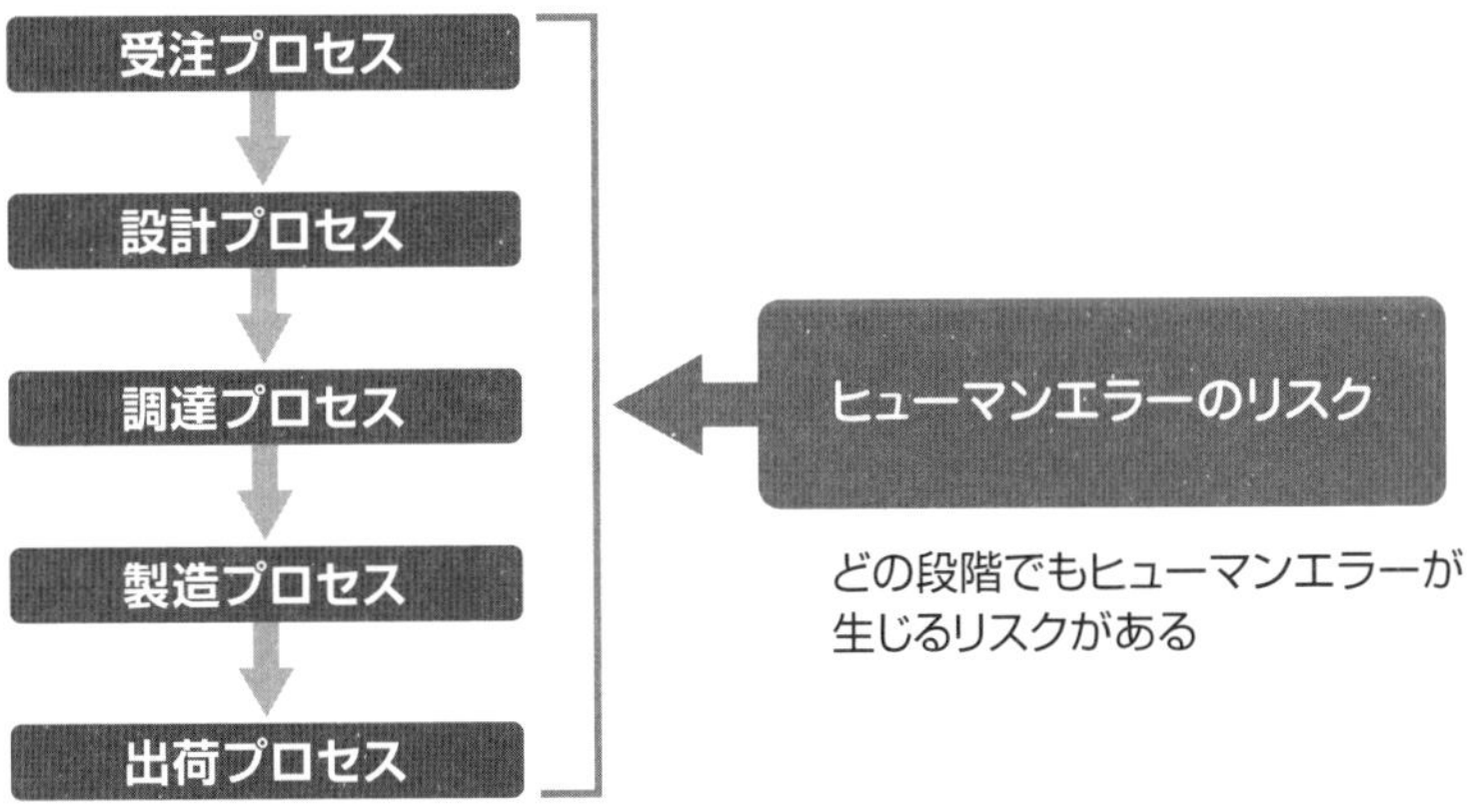

SECTION 7

ヒューマンエラー防止活動はＰＤＣＡで考える

ヒューマンエラー防止活動のマネジメント

製造現場でのヒューマンエラー対策は、永遠のテーマといえる。この対策を継続的活動のレールに乗せるには、ＰＤＣＡをきちんと回すことが大切。

●ヒューマンエラー防止活動のマネジメント・サイクル

ヒューマンエラー防止活動をマネジメント的に見ると、次のようなＰＤＣＡのサイクルでとらえることができます。

このＰＤＣＡサイクルを確実に回すことで、ヒューマンエラー防止活動は継続的改善活動となります。

①Ｐ：計画

作業着手前に、防止活動の計画や準備として、次の二つが必要です。

▽エラーを生じやすい作業や業務の明確化と手順や基準の設定、セルフチェックポイントの設定など、ヒューマンエラー対策方法を立案する（5章参照）

▽作業環境や設備などの整備を実施して、認知特性に悪影響を与える環境を改善する（5〜8章参照）

②Ｄ：実施

▽作業着手前に、ヒューマンエラー防止対策として、作業実施上の留意点を担当者に確認し、指導する（9章参照）

▽作業実施中は、ヒューマンエラー防止対策として、指差呼称《しさこしょう》、セルフチェックなどを行なう（9章参照）

③Ｃ：確認

▽製造不具合やヒヤリ・ハット発生の実態や発生原因を把握する（次項参照）

④Ａ：処置

▽製造不具合の処理を行なう（次項参照）

▽製造不具合に対して、再発防止活動を実施する

▽ヒヤリ・ハットに対して予防活動を行なう（次項参照）

●セルフチェックの重要性

ヒューマンエラーの防止には、前述のように多くの側面に対しての対策が必要になりますが、その基本は担当者一人ひとりの品質意識に基づく、セルフチェックです。米国原子力発電運転協会（INPO）では、「ＳＴＡＲ」と呼ばれる、セルフチェックによるヒューマンエラー防止対策を推進しています（コラム4、9章68〜69項参照）。

S＝Stop：立ち止まる

T＝Think：考える

A＝Act：行動する

R＝Review：再検討する

ヒューマンエラーの防止活動

ヒューマンエラー防止活動のマネジメント（PDCA）

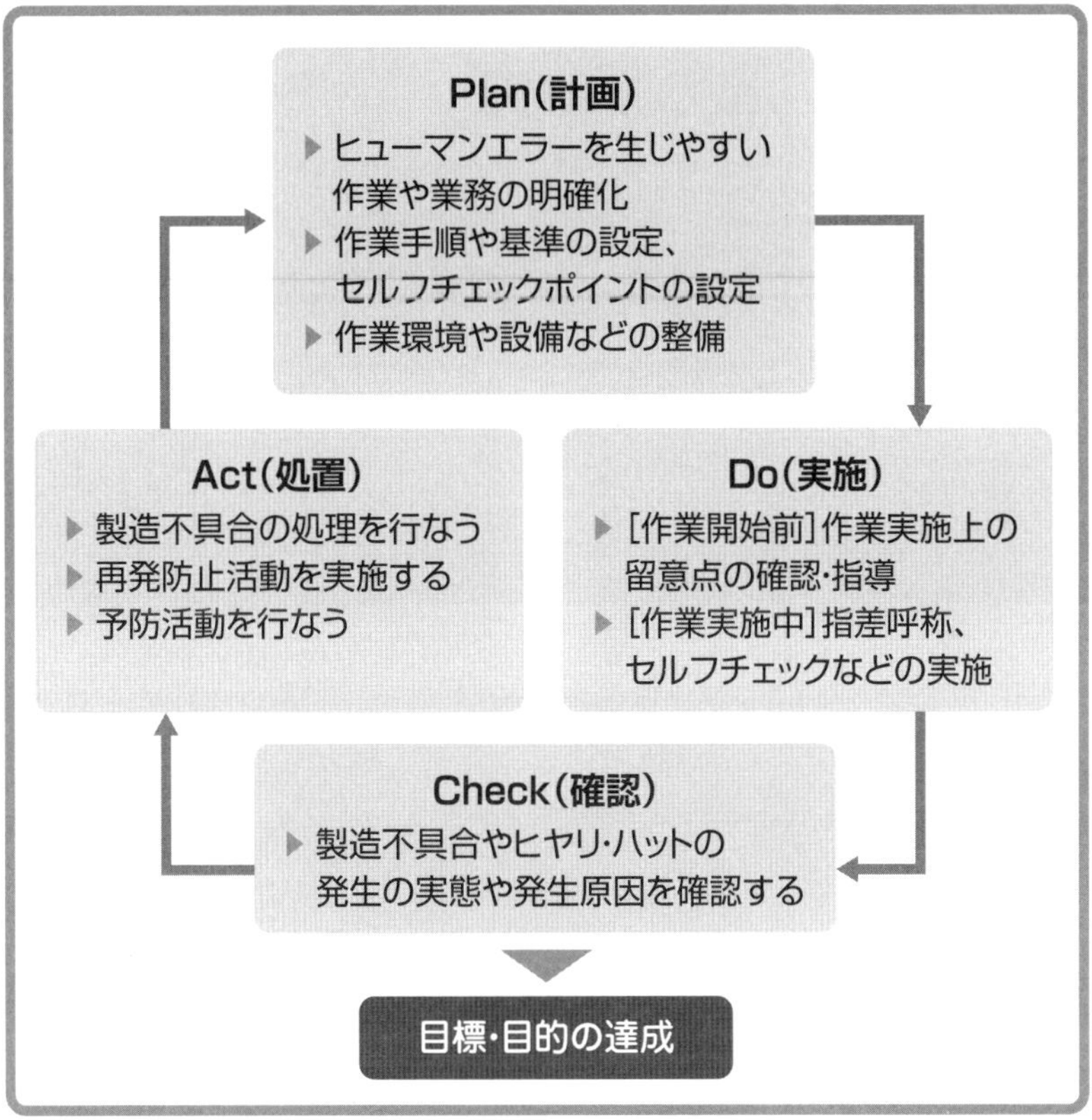
Plan（計画）
▶ヒューマンエラーを生じやすい作業や業務の明確化
▶作業手順や基準の設定、セルフチェックポイントの設定
▶作業環境や設備などの整備
Do（実施）
▶［作業開始前］作業実施上の留意点の確認･指導
▶［作業実施中］指差呼称、セルフチェックなどの実施
Check（確認）
▶製造不具合やヒヤリ･ハットの発生の実態や発生原因を確認する
Act（処置）
▶製造不具合の処理を行なう
▶再発防止活動を実施する
▶予防活動を行なう
目標･目的の達成

STARによるセルフチェック

S=Stop ：立ち止まる	●組み付け部品や組み付け手順は正しいか ●操作ボタンの選択は正しいか
T=Think ：考える	●組み付け後は所定の機能を発揮できるか ●そのボタンを操作することと、期待される応答は適切か
A=Act ：行動する	●意図した組み立て作業を行なう ●意図した操作を行なう
R=Review ：再検討する	●装置が所定の機能を発揮することを確認 ●操作の応答が期待されたものであることを確認

SECTION 8 ヒューマンエラー発生後の対応が重要

ヒューマンエラー対策への取り組み方

ヒューマンエラーによる製造不具合は、その原因をきちんと把握して、再発させない取り組み、すなわち再発防止活動が大切である。

ヒューマンエラーの発生段階から、対策を取るまでには流れがあります。

その各段階の内容や目的を理解しておきましょう。

①**ヒューマンエラーの発生**（5項参照）

②**ヒューマンエラーの抑止**……ヒューマンエラーが発生しても、ただちに各種の製造不具合につながるとはいえません。

発生したヒューマンエラーに気づかなかったり、エラーの修正に時間がかかったり、製造不具合への発展の抑止に失敗すると、そのヒューマンエラーは、各種の製造不具合へとつながります。

この段階では、作業や業務を活性化した意識状態のもとで、各動作を常に確認しながら行ない、ヒューマンエラーを確実に認識することが大切です。

③**製造不具合の処置**……製造不具合が出てしまった場合は、製造不具合の内容に応じた適切な対応を迅速に取ります。

品質関連の不具合であれば、修理・再加工などです。

この段階では「ミスがミスを呼ぶ」という悪循環に陥らないように、落ち着いて、また第三者による確認も組み込みながら進めることが必要です。

④**再発防止対策**……不具合に対しての処置が完了したら、その不具合が再発しないよう、原因となったヒューマンエラーへの対策（発生防止、早期対策など）を進めます。

すべての製造不具合に対して再発防止対策を取ることは、現実問題として不可能に近い場合もあります。

その製造不具合の重大性、再発リスクの大小などを考えて、再発防止対策を取るか否かを決めることが大切です。

⑤**予防対策**……ヒューマンエラーを抑止できて、製造不具合に至らなかった場合でも、そのヒューマンエラーの元（起因）を放置してはいけません。

今後、同種のヒューマンエラーが発生したときに、そのヒューマンエラーの元を見逃したことで製造不具合になってしまう危険性が残っているからです。

再発防止対策と同様に、ヒューマンエラーの元への予防対策を進めることも必要になります。

ヒューマンエラー対策への取り組み

ヒューマンエラー対策は「予防対策」と「再発防止対策」を行なって完成する

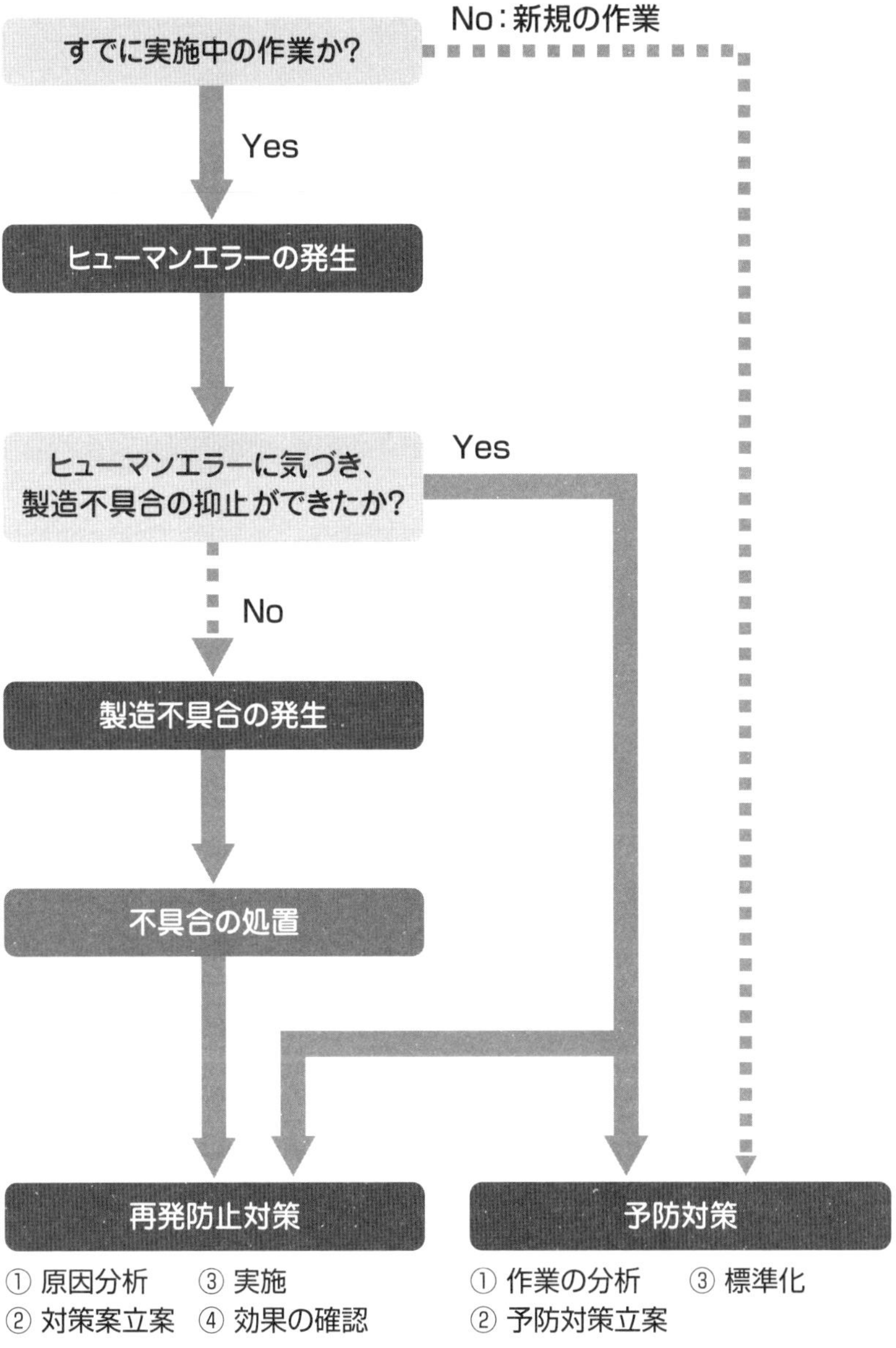

COLUMN 1

ヒューマンエラー以外のエラー要因はあるか？

JIS Z8115:2019 ではヒューマンエラーを「意図しない結果を生じる人間の行為」と定義しています。

また、立教大学名誉教授の芳賀繁氏は、「ヒューマンエラーとは、人間の決定または行動のうち、本人の意図に反して、人・動物・システム・物・環境の、機能・安全・効率・快適性・利益・意図・感情を傷つけたり壊したり妨げたりしたもの」と述べています。

このようなヒューマンエラーは、人間の認知段階でのミスがスタート（起因）となって、モノづくりに用いる経営資源である４Ｍ（人・設備・材料・方法）を触媒として発生（誘因）します。

ところが、その誘因となる４Ｍのほとんどは、私たち人間がつくり出したり育て上げたりしたものです。第一次産業で獲得する鉄鉱石や木材などの原材料そのものを除き、人間が関わらない４Ｍ（モノ・コト）はないといえるでしょう。

したがって４Ｍを誘因として発生するエラー、言い換えると人がつくり出した４Ｍによって発生するエラーは、何らかの形で「人に起因する」のです。

このように、モノづくりの過程で生じる各種のミス・エラーを考えたときに、ヒューマンエラー以外のエラー（ここでは、広い意味でのエラーで、ミスも含めて考えます）というのは、少ないといえます。

つまり、生産活動に関連して生じるミス・エラーのほとんどが、関与の度合に濃淡はあっても、ヒューマンエラーだということです。

ヒューマンエラーによるミスを予防することは、人間活動のアウトプットの質を高め、効率を高める重要側面であり、私たちはヒューマンエラーに真正面から取り組むことが求められています。

2章

ヒューマンエラーを引き起こすメカニズム

SECTION 9 ヒューマンエラーの元は脳内にある

ヒューマンエラーと脳の働きのメカニズム

作業や業務の手順は、情報をインプットして、それを処理してアウトプットとして作業や業務の行動を起こすという流れで、脳内作業が基本の役割をはたしている。

●認知特性とは何だろう

人は周りにあるモノやコトや状態など、外界に関する各種の情報を、目や耳、手などによる視覚・聴覚・触覚・味覚・嗅覚（五感）を通して「知覚」（感覚受容）し、それが何であるかを「認知」します。

その認知結果と「記憶」を照合して「判断」し、判断した結果を「行動」に移します。このような一連の過程と特性を**「認知特性」**といいます。

認知特性を元に、人間の情報の処理・判断などの活動の限界、またヒューマンエラーに陥りやすい要因や傾向などを考えると、エラーの内容も明確になり、対策の方向も見つけやすくなります。（詳細は3章参照）

●認知特性とヒューマンエラー

ヒューマンエラーは、認知特性のいずれの段階でも起こる可能性があります。

▽**「知覚」「認知」段階**……「知覚段階」では、視覚に関する錯覚である「錯視」による見間違いや、見たいものだけを「見た」と知覚するミス、聞き間違いなどがあります。

「認知段階」では、思い込みなどによる勘違い、人間に備わっているパターン認識機能による認知ミスなどがあります。

▽**「記憶」「判断」段階**……記憶には、感覚記憶と短期記憶・長期記憶があります。

感覚記憶とは外部からの視覚的刺激などをそのまま数秒程度とどめる、意識されない記憶です。感覚記憶は注意を当てることで短期記憶に移行します。

短期記憶は一時的に頭にとどめる記憶で、数十秒ほどで消滅します。長期記憶は情報の繰り返しの出し入れなどにより固定化した記憶です。

「記憶」に関しては、記憶の喪失や、記憶内容の変質などの問題が発生します。

「判断」では、例えば、故障要因の評価違い（このくらいなら故障に至らないだろうという判断ミス）による故障の発生などのエラーが起こります。

▽**行動段階**……「行動段階」では、動作や言葉の発声時に、判断結果により行なおうとした動作と異なることを、意に反して行なってしまう、やり間違い、言い間違いなどのエラーが発生します。

ヒューマンエラーを起こす脳の働き

認知特性

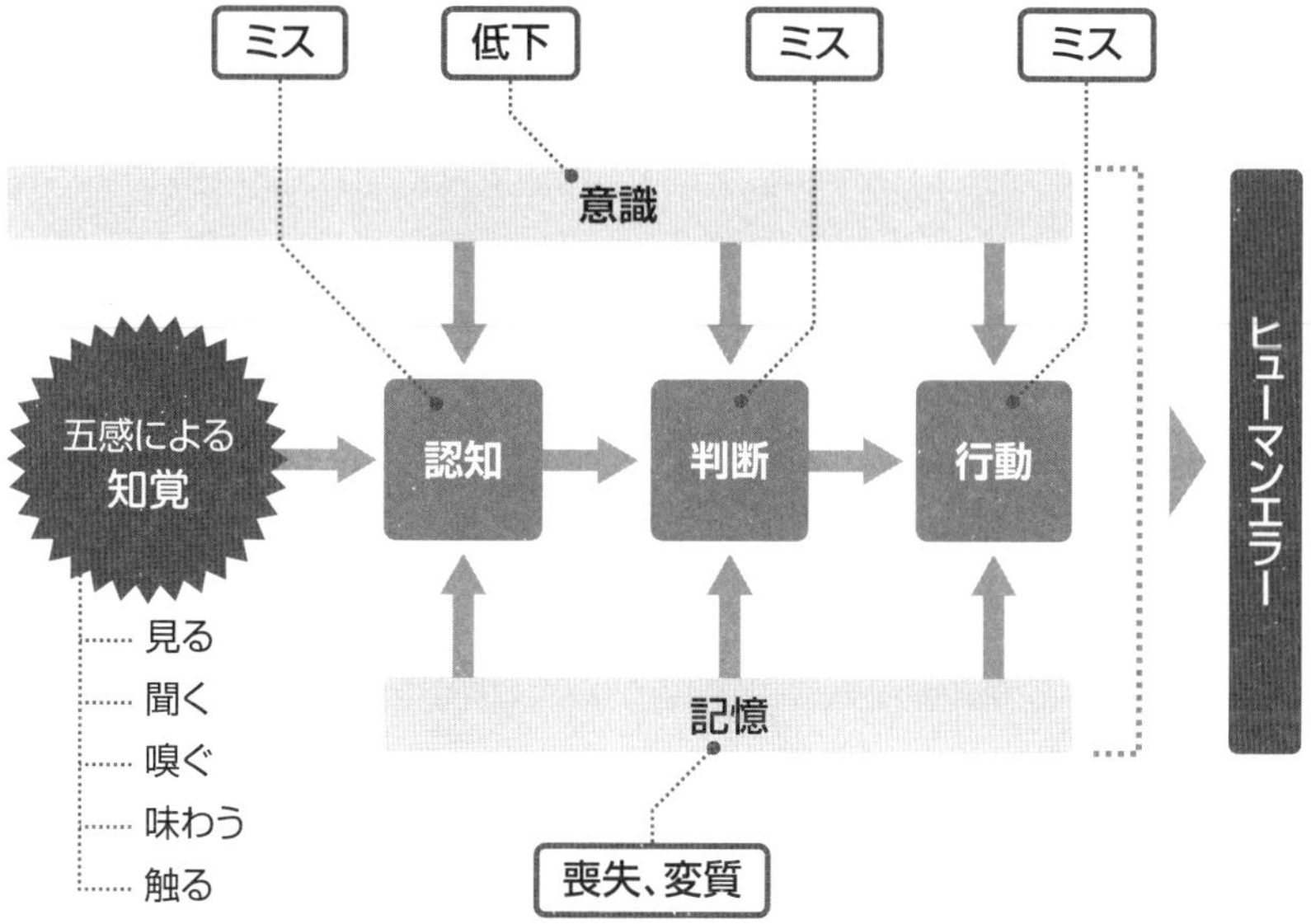

ヒューマンエラーの現われ方と認知特性

	知覚・認知	記憶・判断	行動
スリップ（うっかりミス）	○		○
ラプス（うっかり忘れ）		○	○
ミステーク（思い違い）	○	○	○
バイオレーション（意図的違反）		○	○

SECTION 10 作業を取り巻く環境にも影響を受ける

認知特性に影響するヒューマンエラーの誘因

人の心身状態、作業環境、組織・人間関係や仕事の進め方に関する側面なども、エラー発生の触媒として影響してくる。

●認知特性が生むエラーの元

認知特性によって生まれるヒューマンエラーは、認知・判断・行動を条件のいい環境下で行なっても、統計的にはある発生頻度で起きてしまうことが知られています（1章3項参照）。

これがヒューマンエラーの元（起因）です。

●エラーを生む誘因の実態

問題は、このヒューマンエラーの元がより発生しやすくなる（発生頻度が高くなる）、次のような側面が誘因として認知特性を取り囲んでいることです。

▽人間に関連する側面

・人間の身体生理（疲労、睡眠不足、加齢などによる身体機能の低下など）の状況

・メンタル面の安定度（ストレスや悩みのある状態など）

・本人の意識状態（他のことに気を取られていた、ボーッとしていたなど）

▽作業環境などに関連する側面

・作業環境（騒音、照明、振動、閉所作業など）の状況

・作業に使用する設備・治工具の操作装置や表示装置の状況

・設備などの操作のやりやすさ、簡明さなどの状態

▽組織・人間関係や仕事に関連する側面

・仕事への取り組み時の精神状態や姿勢……焦りの心、集中力の低下、仕事のルールの不順守など

・人間関係やコミュニケーションの状況……上司、同僚、関連工程の人々との人間関係のトラブルなど

・仕事の指示・命令の出し方や受け止め方、指示・命令情報の適切性や、その情報のわかりやすさなど

●ヒューマンエラー低減の方向性

このように、ヒューマンエラーの発生防止を検討するには、起因面からと、誘因面からの二つの面が必要です。

▽起因面から……認知特性そのものから発生する、前項で述べた起因を明確にして、発生防止策を推進する

▽誘因面から……ヒューマンエラーが発生する確率を高める、前記の誘因を明らかにして、エラー発生の低減を推進する

ヒューマンエラーの「起因」と「誘因」の関係

エラーを生む誘因 ＼ 認知特性（起因）		知覚認知 →	記憶判断 →	行動
人間に関する側面	身体生理状況	●	○	○
	メンタル的状況	●	○	
	意識状態	○	●	○
作業環境に関する側面	作業環境	●		●
	設備・治工具の状況	○		●
組織・人間関係・仕事に関する側面	仕事への取り組み姿勢		●	
	人間関係の状況		●	
	指示・命令の授受状況		●	

●影響度：大　○影響度：中

SECTION 11

しっかりした意識がエラーの発生を防ぐ

エラー発生の誘因❶

意識状態と脳の活性化

意識状態によって脳内の働きは大きく影響を受ける。意識を高めるためには、大脳の活動を活発にすることが大切。

●意識と脳の働き

意識とは、「自分が現在、何をやっているのか、今はどのような状況なのか、などが自分でわかる心の働き」です。

言い換えると、意識の水準が高いとは、脳の情報処理の各機能が活性化している状態です。

これに対し、意識の水準が低いと、認知・判断・行動の各機能が低下し、エラーを誘発しやすくなります。

●意識は変化する

このような意識の水準は、精神的・肉体的疲労、メンタルの緊張度合などにより高まったり下がったりし、常に一定というわけではありません。実際には、安定して意識水準が高い状態と、次のように意識水準が低い状態が混在します。

・意識が途切れる（脳を休めるための「眠気」など）
・意識が脇道にそれる
・意識の水準が、作業の時間とともに高くなったり、低くなったり変動する

このように変動する意識をうまくコントロールできれば、脳の全般的な機能を高めるうえで有効です。

●大脳の働きを活発にする三つの要素

意識を高めるには、大脳の活動を活発にする必要があります。大脳の働きは刺激が途絶えると鈍り、やがて眠ってしまうので適度に刺激しなければなりません。

意識を活発化させるためには、次のような方法があります。

▽**感覚器官に刺激を与える**……感覚器官への刺激が強いほど、目覚まし効果は大きいといわれています。大声を出したり、強い味覚への刺激などで、大脳の働きは活発化します。

▽**身体を動かす・筋肉を働かす**……体操や背伸びは身体をほぐす効果のみならず、大脳も活性化させます。筋肉の働きが脳にフィードバックされ、大脳が刺激され、働きが活性化します。

▽**自己刺激を持つ**……仕事に使命感や課題を持って取り組んでいるときは、いきいきとして意識が活性化し、滅多にエラーを起こさないものです。このようなモチベーションの高い職場環境を築くようにします。

誘因①意識状態による影響

意識レベルの5段階

意識レベルには5段階あります。

日常の定常作業はほとんどレベル2で処理されるので、レベル2の状態でもミスをしないような対策を取ることが必要です。

同時に、自分自身でレベル3に切り替える努力と工夫が大事で、このため指差呼称などが有効です。

レベル	意識の状態	注意の作用	生理的状態	信頼性
0	無意識	ゼロ	睡眠	ゼロ
1	意識ボケ	不注意	疲労、眠気	0.9 以下
2	ノーマル	心の内方へ	定常作業時	0.99～0.99999
3	クリアー	前向き	積極活動時	0.999999 以上
4	過緊張	1点に固執	感情パニック	0.9 以下

（橋本邦衛『安全人間工学』中央労働災害防止協会 2004年 をもとに作成）

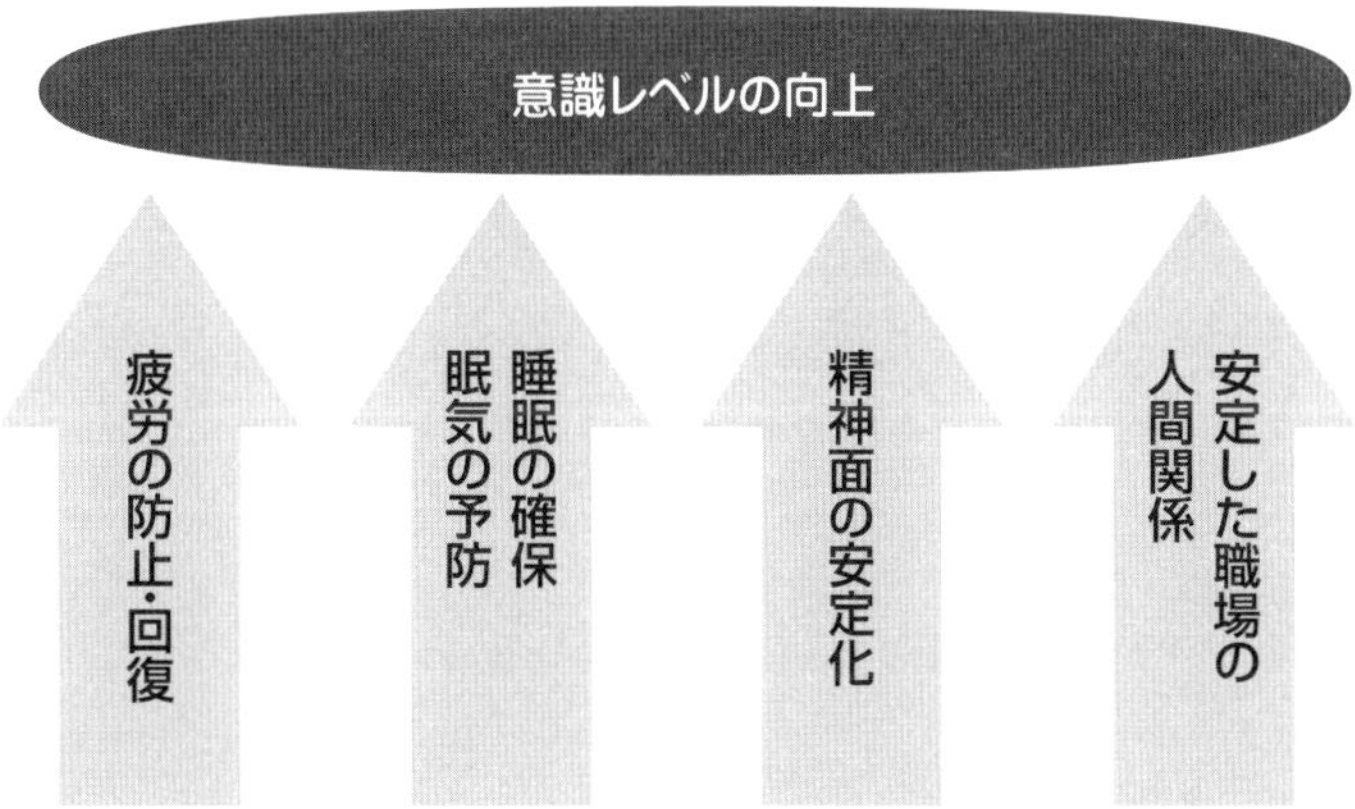

SECTION 12

疲労はヒューマンエラーの大敵

エラー発生の誘因❷

身体的・メンタル的状態

心身の状態は人の活動に大きな影響をおよぼす。ヒューマンエラーを防ぐためにも、よい心身の状態を維持することが大切な課題。

●身体生理面の限界がエラーを招く

機械には、繰り返し動作が正確、耐久性がある、速度・パワーを長く維持できるなどの長所がありますが、一方で、想定外の出来事には無力であり、状況変化を認知できないなどの短所があります。これらは機械的特性といえます。

他方で、人は機械と違う、人としての「生理的特性」があります。

▽**疲労と眠気に弱い**……疲労には身体的疲労と精神的疲労があります。

これらの疲労は日々の睡眠不足、長時間の作業、休憩時間の不足、大きすぎる作業負荷、不適切な作業環境、単調な作業、あるいは生活習慣などによって蓄積します。

疲労が蓄積すると、眠気の発生、作業意欲の低下、注意力の低下、動作機能の低下などを引き起こし、ヒューマンエラーの発生確率を高めます。

▽**加齢による心身能力の低下**……人は年をとるにしたがって心身能力が低下してきます。とくに記憶力、疲労回復力、平衡感覚機能、筋力などは低下度合が大きい傾向があります。

心身能力の低下は、認知特性に起因するヒューマンエラーの発生についても、また、エラーの発生頻度を増大させる面でも大きな影響をおよぼします。

●メンタル面の不安定さがエラーを招く

現代人は、仕事そのもののストレス（期限や仕事量など）、仕事を行なう環境によるストレス（上司との関係、職場の仲間との関係など）、さらには家庭生活でのストレスなど、多くのストレスの中で生活しています。

ストレスが高じると、うつ病や心身症の原因になるだけでなく、仕事面でも不安定になり、その結果としてヒューマンエラーの発生確率を高めます。

日常のすべてのストレスから解放されることはむずかしいでしょうが、上手に発散させることが重要です。

たとえば、「ストレッチや散歩などの軽い運動をする」「バランスのよい食事をとり、たっぷり休む」「漫画を見たり、落語を聞いて思い切り笑う」といったことを心がけることも大事です。

誘因②心身の状態による影響

疲労の原因と疲労に影響する心理的要因

疲労の原因

- 睡眠不足または徹夜
- 一連続作業時間が長すぎる
- 深夜勤務、交代制勤務の継続
- 休憩時間、休日の不足
- 長時間残業
- 作業負荷が大きすぎる
- 熟練不足
- 高齢
- 不適切な作業条件
- 作業の繰り返し性
- 健康状態の不良

疲労に影響する心理的要因

- 作業意欲の低下
- 作業に対する興味の喪失
- 拘束感、束縛感
- 職場での人間関係の悪化
- 家庭での心配事
- 安全への不安
- 健康への不安
- プライベートな悩み
- 過大な責任の委任
- 性格的な職場不適応
- 種々の不満

（村田厚生『ヒューマン・エラーの科学』日刊工業新聞社 2008年 より）

睡眠不足の影響

睡眠不足は昼間の眠気による作業能率の低下だけではなく、注意力の低下、脳の血流・活動の低下、疲労感の増幅、そして、『やる気』にも影響してしまいます。また、血圧の上昇や免疫力の低下など、様々な疾患の原因にもなりかねません。

昼間に蓄積した疲労はその晩、適度の睡眠によってほぼ回復できるようにできています。深夜まで起きていたり、中途覚醒などで睡眠時間が短くなると疲労が回復せず、翌日に持ち越されます。それがどんどん積もっていくと慢性的な疲労状態に陥ってしまいます。疲労を回復するには睡眠は必須なのです。

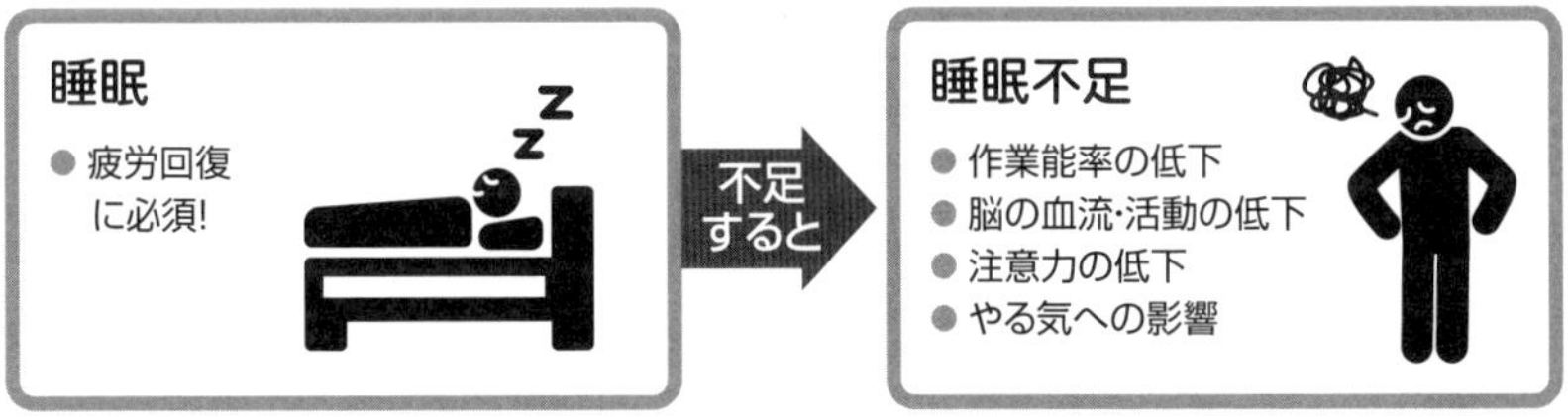

（アリナミン製薬株式会社 ホームページより）

SECTION 13

焦りはミス・やり損ないを呼ぶ

エラー発生の誘因❸

仕事への取り組み姿勢

エラーを起こして慌ててやり直すと、またエラーを起こすという負の連鎖に陥る。ヒューマンエラーを防止するには、落ち着いた堅実な取り組み姿勢が大切。

●ハリーアップ症候群とは

気持ちの焦りによるミスややり損ないの発生などの問題を**「ハリーアップ症候群」**といいます。

これは、作業をするときに期限や納期などの時間に追われて行動することによりパニックに陥り、普段は何でもないような作業でも、誤った判断・行動を起こしてしまう症状のことです。

ハリーアップ症候群に陥ると、次のような状況が発生します。

・時間に追われるあまり、注意が一点に集中し、より確実な他の可能性を考えられなくなる

・追い詰められて慌てたり、急いで行動することからストレスがたまりやすくなって、「ルールの無視」「必要な手順の省略」が現われ、エラーを起こしやすくなる

●ハリーアップ症候群への備え

ハリーアップ症候群に陥らないためには、次のような点に気をつける必要があります。

・忙しくなる時期を予想して、準備や心がまえをする

・作業の区切りごとに一時停止し、作業の状況や実施項目を確認する。また手順書などの再確認も行なう

・本来のやるべき業務に集中し、作業・業務を一つずつ片づける習慣をつける

・中断後、再開する作業や業務は、そこまでの実施内容をきちんと確認する

・遅れが大きくなり、取り戻すことが容易でないと思ったら、早めに上司に相談し、アドバイスを求める

また、この症状に陥らないように、上司や仲間も気配りをすることが大切です。

●バイオレーションへの対応

バイオレーションとは、「意識的に規則を守らないこと」です。

規則を破り始めると、バイオレーションは常習的行動となり、他のエラー等と組み合わさると、高い確率でミスや事故に至る可能性があります。

よく見かける日常的なバイオレーションとして、「近道行動」「省略行動」などがあります。このような故意の違反は見逃していけません、気づいた時点で、やめさせることが大切です。

誘因③仕事への取り組み姿勢

ハリーアップ症候群を起こさせない職場としての工夫

マネジメント面では

- 各担当者に指示する仕事の負荷は、個人ごとの能力と経験に合った適正な水準にコントロールする
- 予防的管理を進める
- 仕事は、品質第一、安全第一で進める
- 仕事の手順を明確にし、手順の教育を確実に行なう
- バイオレーション(意識的な規則違反)に対しては、厳しく対応する
- ミスしたときはOJTの機会ととらえ、教育訓練を行なう
- 朝礼で部下の心身の状態を確認し、必要に応じて仕事の分担の見直しもする

職場の風土・環境面では

- 部下に過度のプレッシャーをかけるパワハラ的な言動は慎む(例:「まだできないのか」「早くしろ」「遅れたらお前の責任だ」など)
- 仕事のルール順守は基本とする
- ミスは結果を責めるのではなく、再発防止を考えさせる
- 作業のインフラ整備を重要視する
- 焦っている仲間には声をかけ、相談に乗るようにする

予防的管理を進める

①仕事の進捗管理を進める場合は、PDCAサイクルを短サイクルで回して、問題点を早め早めに処置・対応できるようにする
②PDCAの状況を見える化(掲示など)して問題点を共有化し、適切に処置・対応がとれるようにする

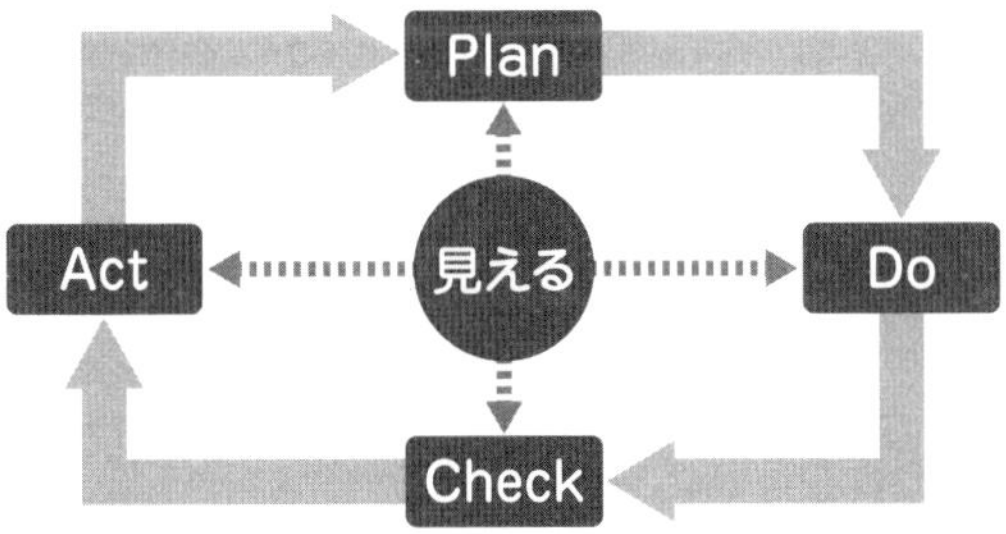

SECTION 14

仕事のサイクルを確実に回す

エラー発生の誘因❹

仕事の進め方

指示・命令を的確に受け止めることが、仕事を目的どおりに進める第一歩。これができないと仕事の入口でヒューマンエラーを起こす。

●仕事の本質……指示と報告

組織とは「一定の目的を達成するために、複数の人々がそれぞれの役割分担を定めて協働する集団」です。

この目的を達成するために管理者やリーダーは、複数の人々に作業や業務を指示・命令して分担させ、遂行させます。

その遂行状況を確認するために、管理者・リーダーは作業者に報告を求めます。これを「仕事のサイクル」と呼びます。

●指示・命令の受け止め方の重要性

指示・命令は、その情報を正確に受け止めることが基本で、このときに誤った受け止め方をすると、即ミスにつながります。

指示・命令を正確に受け止めるには、次のような点に留意します。

・その指示・命令を5W1Hで確認する（何を・なぜ・どのように・誰が・いつまでに・どこで）
・重要な、また複雑な指示・命令はメモをとる
・自分で判断してよい事項や範囲（権限）を確認する
・指示・命令の内容を復唱して確認する
・すでに指示・命令を受けている仕事がある場合は、仕事の優先順位を確認する
・報告のタイミング、やり方を確認する

●報告の重要性

報告は指示・命令された仕事の締めくくりであり、指示・命令は報告により完了します。

また、報告は上司の正しい意思決定を助けるために必要であり、職場全体の意思統一のためにも欠かせません。

この報告には、次の三つのタイミングがあります。

・**完了報告**：仕事が完了したときの報告
・**中間報告**：長期的・継続的に行なう仕事に関して、進行状況などの途中報告
・**異常時報告**：指示・命令された作業について、その日程や作業内容を指示どおり行なえない、またはそのリスクが予測されるときにする報告

ヒューマンエラーを防止するには、「異常時報告」を素早く的確に行なって、上司の指示やアドバイスを受けるようにします。

誘因④仕事の進め方

仕事のサイクル

ヒューマンエラーを防止するには異常時報告（製造不具合やヒヤリ・ハット）が重要

異常時と判断する基準を明確にする

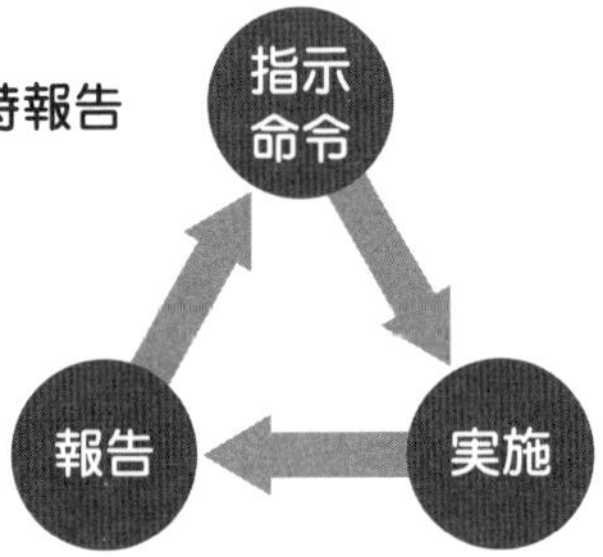

指示・命令の出し方

- 部下の能力を把握し、それに見合った指示・命令内容にする（無理難題をふっかける、精神論で強要するといったことがないようにする）
- 指示・命令の内容は、具体的に5W1Hで示す
- 指示・命令の理解度を確認する
- 指示・命令は出しっぱなしではなく、適切に進捗状況などを確認し、フォローする
- 仕事の優先順位を考え、指示・命令を出す
- 部下の創意工夫の余地を残しておく
- 日頃から部下とのコミュニケーションをよくする

やってくれ
了解しました!

完了させます

メモと復唱

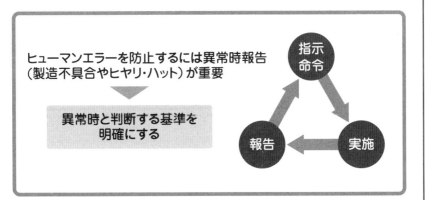

SECTION 15

ヒューマンエラーにも人間関係が影を落とす

エラー発生の誘因❺

職場の人間関係

複数の人が協働して仕事を進める組織では、そこで働く人と人の関係性がヒューマンエラーの発生に影響をおよぼす。

職場での人間関係には、上下関係、担当者間の横の（同僚）関係、集団関係などがあります。

作業や業務は、これらの関係性の中でそれぞれコミュニケーションをとって行なっているはずですが、現実には次のような各種の問題が生じます。リーダーは、このような傾向が出ることを理解し、予防する気配りと行動が求められます。

●権威勾配

リーダーと部下との上下の関係性が強すぎる（権威勾配が急すぎる）と、組織はワンマンな運営になって、部下から上司への、危険に関する情報伝達が行なわれなかったり、情報伝達が遅れて訂正機能が働かなくなる事態を招き、その結果、エラーが生じやすくなります。

逆に上下の関係性が弱い（権威勾配がフラット）と、危険に対する決定が遅れてミスになる確率が高まります。

●依存心理

検査結果の信頼性を上げるために、再度同じような検査を行なうことを「ダブルチェック」といいます。

ダブルチェックを前提にしていると、「もう前工程でチェックしているから大丈夫だろう」との心理状態（依存心理）になり、チェックのやり方がずさんになり、ミスが生じやすくなります。

●同調行動

自分の考えや意見を曲げて、職場の多数派の意見にしたがうことを同調行動といいます。

チームワークが強いほど、そして集団内での本人の地位が低いほど、同調行動は増大します。

●社会的手抜き（リンゲルマン効果）

「人々が集団で共同作業をするとき、一人で作業するときと比べて、作業スピードや作業への注意力などに対し、努力する量を減らす」という現象です。

このような手抜きが発生する動機は、集団の中で自分だけが評価される可能性は低いとか、努力しても対価は変わらないという思いなどがあります。

このような状態になると、作業や業務に対する責任感も弱まり、ヒューマンエラーを発生させる要因となります。

誘因⑤人間関係の影響

職場の人間関係と問題の発生要因

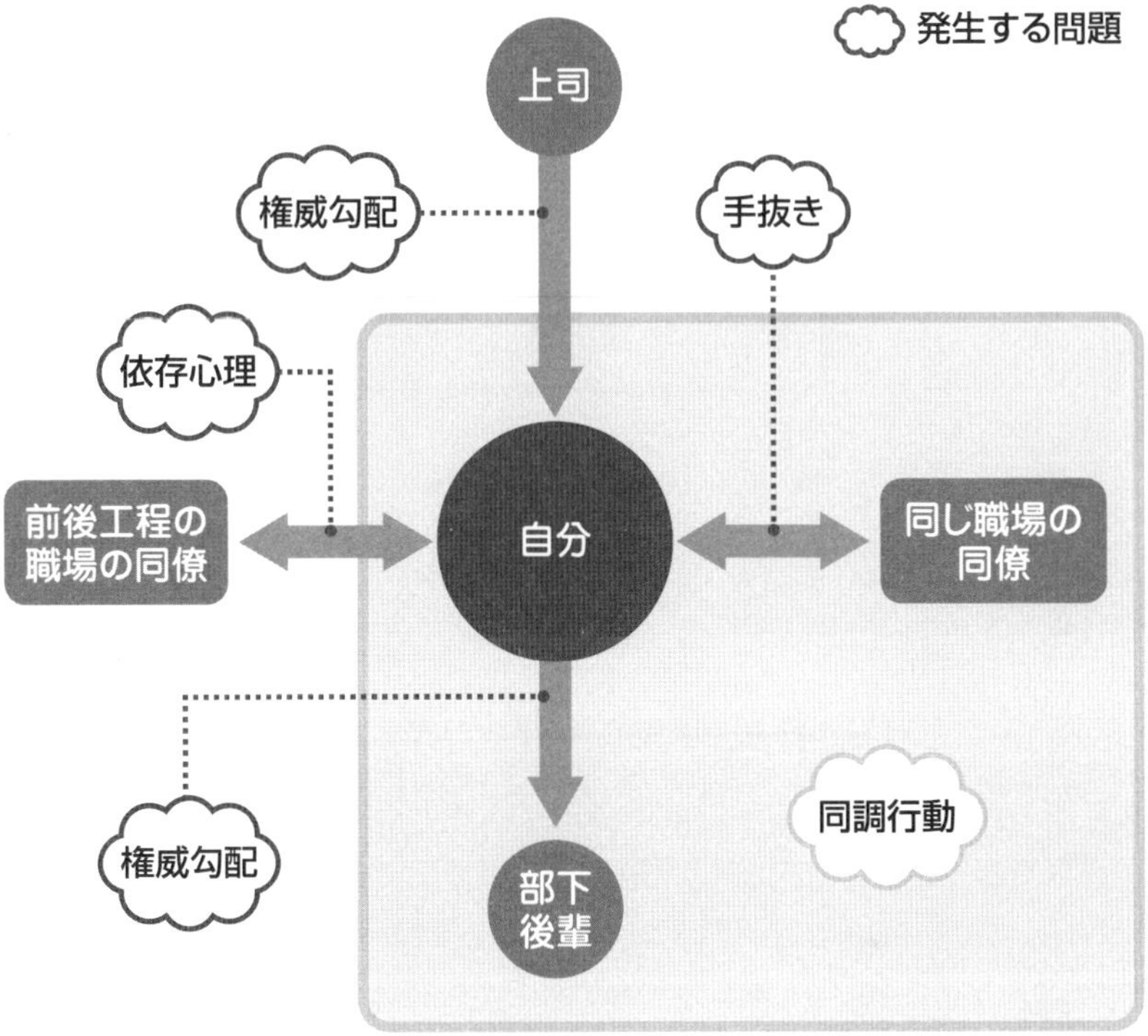

権威勾配の影響

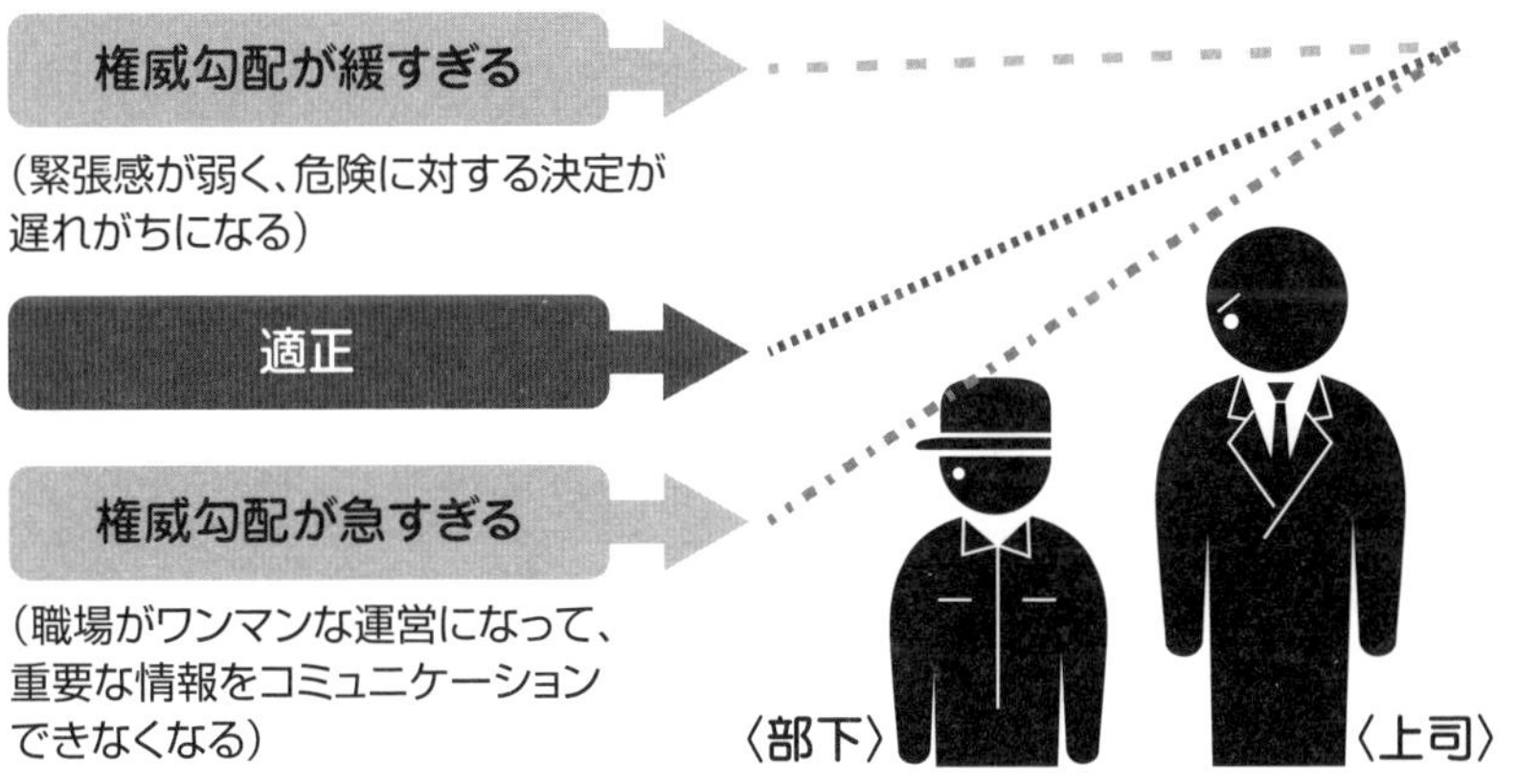

SECTION 16

現場のインフラ整備はエラー防止に重要

エラー発生の誘因❻

作業環境や設備などの状況

作業環境が整備されていないと、ヒューマンエラーに影響を与える知覚ミスを起こしたり、疲労の蓄積につながる。

●エラーを誘発する作業環境

ヒューマンエラーは次のような作業環境に影響を受けます。

▽**照明**……照度が低いと、銘板文字の見間違いによるスイッチの選択ミス、加工物などの品物の確認モレなどによる取り違えミスを起こしやすくなります。

作業に応じた適切な照度があり、JISにも「照度基準 JIS Z9110:2011」があります。これを参考に個々の作業特性に応じた照度設定を行なうことが必要です。

▽**騒音**……作業場における騒音は、作業者のストレスの要因となり、また作業への集中力が阻害されます。

さらに作業時に必要となる会話や情報の伝達が妨げられ、作業ミスを起こしやすくなります。

▽**雰囲気**……人が近くを歩き回ったり、電話の音や雑音的な会話に満ちているような職場では、作業への集中力をそぎ、作業ミスにつながりやすい傾向がありま す。作業ミスを防ぐには、不要な視覚・聴覚情報が入らないように、落ち着いた環境に整備することが大切です。

●設備の操作装置や表示装置の影響

多くの作業ではハンドルやレバー、スイッチ、タッチパネルなどの操作装置や表示装置のハードウェアを通して、設備や治工具などを動かしています。

これらの操作装置や表示装置を扱う際に、前述の身体生理面やメンタル面の状態が悪いと、いわゆる操作ミスを引き起こします。

操作ミスを引き起こすもう一つの重要な側面は、これらの操作装置や表示装置そのものにある人間工学的な問題です。

・何の操作用なのかの識別がしにくく、見間違えやすい

・操作部の寸法や位置関係が不適切で、誤操作しやすい

・スイッチなどの配置の関連性が不明確

・操作と動作の方向が一致しておらず、間違えやすい

・接近性が悪いため、不自然な姿勢での誤操作が発生しやすい

これらの問題を改善していくことが、設備に起因するヒューマンエラー対策として欠かせません。

誘因⑥作業環境・設備の問題

作業での疲労低減……動作設計の考え方

1. 水平方向

図①は左手および右手を伸ばして作業できる最大範囲〔最大作業域〕を示している。これ以上の範囲となると肩を動かさなければならない。点線で示す範囲は曲げた肘を支点にして両手で作業できる範囲〔正常作業域〕を示している。

図②のグレーで示された範囲内なら、小さな目的物も容易につかむことができる。

図③のグレーで示された範囲内は、目の動きを伴わずに、両手を同時に動かしやすい。

①

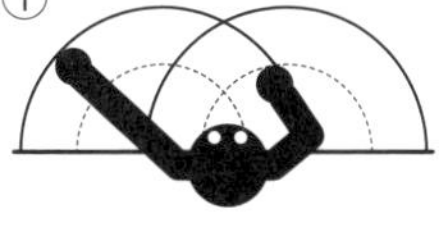

②

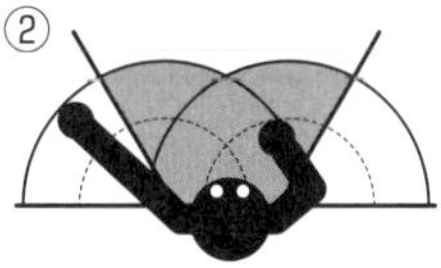

③

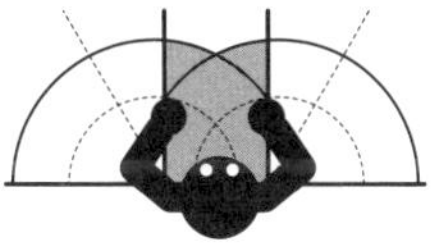

2. 垂直方向

図④は、垂直方向において、手を伸ばせる最大範囲〔最大作業域〕、および肘を支点にして行なう作業範囲〔正常作業域〕を示している。

④

照明の照度基準

基本的な照明要件（JIS Z9110:2011 照明基準総則）	
領域、作業または活動の種類	維持照度（lx:ルクス）
やや粗い視作業、倉庫内の事務	300
普通の視作業（一般の製造工場などでの普通の視作業、[例] 組み立て、検査、包装）	500
やや精密な視作業（繊維工場での選別、検査、印刷工場での校正）	750
非常に精密な視作業（精密機械、電子部品の製造、印刷工場での組み立て、検査、選別）	1500

注）維持照度:ある面の平均照度を、使用期間中に下回らないように維持すべき値

COLUMN 2

ISO9001 で求められる検討事項

製造現場で起こる問題で、一番深刻なのは品質問題です。

JIS Z8115:2019 ではヒューマンエラーを「意図しない結果を生じる人間の行為」と定義していますが、ザックリいうと、力量のある人が指示されたとおりに、または手順書を参考にしながら正しい作業を行なおうと思っても、つい起こしてしまう作業ミス等といえます。

これに対する対策については、「気をつけよう」とか「頑張ろう」といった精神論や一般的な教育訓練では限界があり、多くの企業で悩んでいるのが実態です。

またヒューマンエラーの発生原因を個人の不注意に押しつけて、「注意を喚起する」「研修を実施する」といった対策だけでヒューマンエラーの撲滅を目指しても限界があります。

ヒューマンエラーは、エラーを引き起こす「人」そのものに内在する認知特性（外界の情報の認知から、判断し行動する一連のシステム）や考え方、そしてその「人」を取り巻く様々な環境（誘因）との相互作用で発生するからです。

したがってヒューマンエラー対策では、認知特性に起因するミスを発生させないための、職場の実情に即したアプローチが求められます。具体的には作業者を取り巻く環境を改善して、ミスを生じさせないようにする創意と工夫です。

作業者を取り巻く環境にはいろいろな側面が関係してきます。

ISO9001：2015 年版の「8.5.1：製造及びサービス提供の管理」では、ヒューマンエラー面での作業ミス対策が求められており、7.1.4 項では、その検討側面として社会的要因（例えば、非差別的、平穏、非対立的）、心理的要因（例えば、ストレス軽減、燃え尽き症候群防止、心のケア）、物理的要因（例えば、気温、熱、湿度、光、気流、衛生状態、騒音）があげられています。

3章

認知特性とエラーの種類・分類

SECTION 17

「見る」「聞く」から知覚活動は始まる

知覚段階でのエラー

見る、聞くなどの五感情報を取り入れることから知覚活動は始まるが、この段階ですでに外部情報を誤った形で取り入れるエラーが出現する。

●知覚段階でのエラー

人の認知特性をプロセス的に見ると、インプットは外部情報の取得時であり、アウトプットは行動となります。

知覚段階で発生するエラーとは、「見る」「聞く」といった五感での知覚活動において、外部の情報（知覚情報）を正しく、的確に取り込めないエラーです。

●知覚エラーのパターン

人間の知覚機能は、入ってくる情報を無意識にコントロールしており、それがエラーの原因になります。

▽**情報の選別**……人は、「見たいものを見る」「聞きたいものを聞く」という情報の選別をしてしまいます。これにより、必要な情報が排除され、ミスの原因となる可能性があります。

たとえば、緑の箱に入っている部品に関心が集中すると、隣の青の箱に入っている類似の部品を見落とす。また関心のない指示・命令事項を聞き逃す、などのミスを起こします。

▽**視野の限界**……人の目は左右が１００度程度、上下は60～70度程度の範囲を見ることができます。

しかし、意識を集中して対象物を見ることができる範囲（中心視といいます）は、上下左右それぞれ１～１・５度程度といわれています。

したがってこの範囲から外れた対象物は正確に認識できず、ミスを生じる危険性が高いのです。

▽**錯視**……正しく見る条件（視力がある、適度な明るさがある、見るべき対象に目が向いている、など）が整っていても、いわゆる「目の錯覚」を起こすと、対象を正しく認識できない状況が発生します。これが「錯視」です。

大小を取り違える「大きさの錯視」、曲がっている、傾いていると見間違える「方位の錯視」、直線が歪んで見える「湾曲の錯視」などがあり、錯覚すると間違った情報として認識してしまいます。

知覚エラーは、状況により異なるパターンで発生します。このようなエラー要素があることを知って、注意深く観察・傾聴し、知覚エラーが入り込まないようにすることが大切です。

知覚エラーが起こる原因

視野の範囲

水平視野　　垂直視野

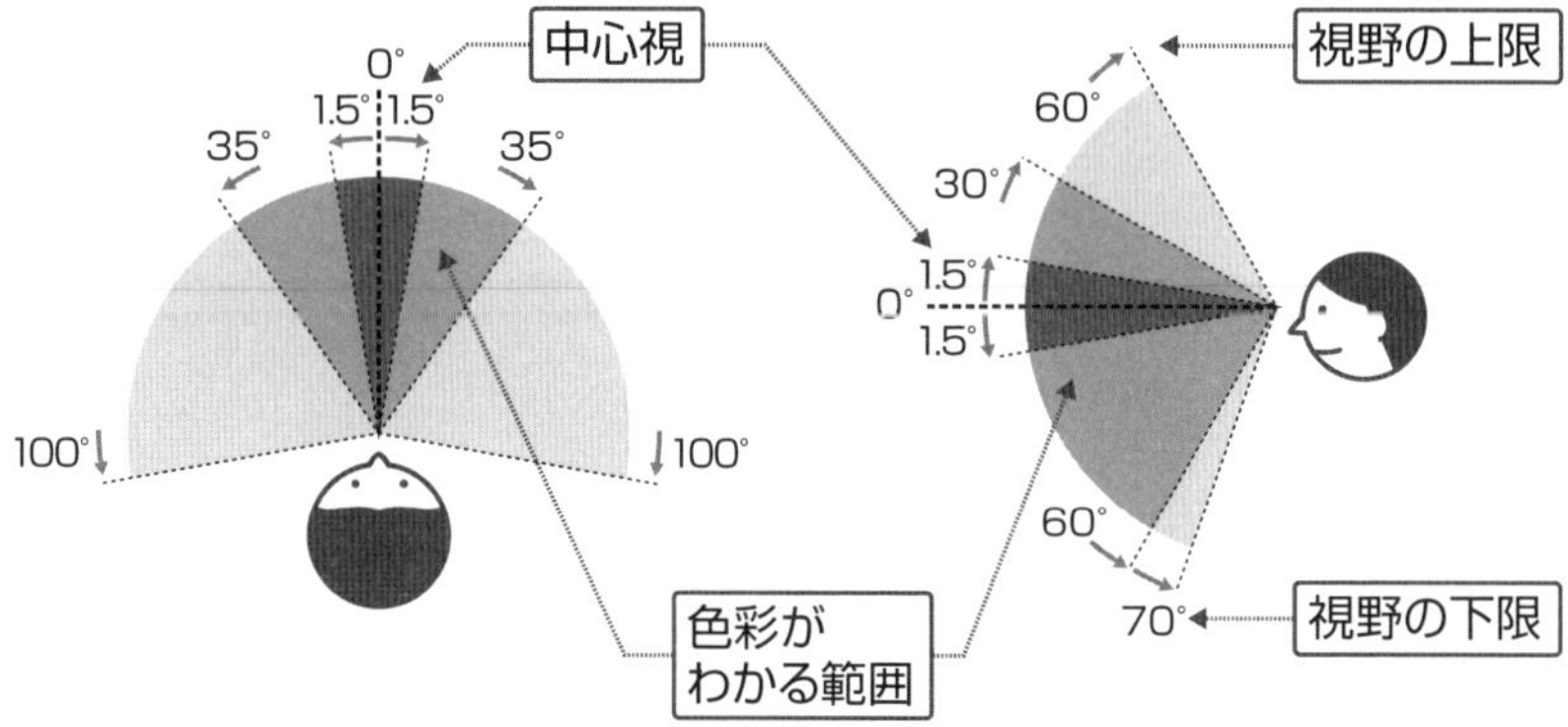

中心視から外れた対象物は正確に認識できない

目の錯覚（錯視）の例

ミュラー・リヤー錯視

上の横線のほうが長く見える
➡ 大きさの錯視

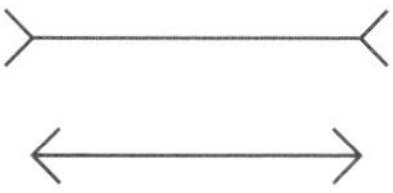

ツェルナー錯視

4本の線が非平行に見える
➡ 方位の錯視

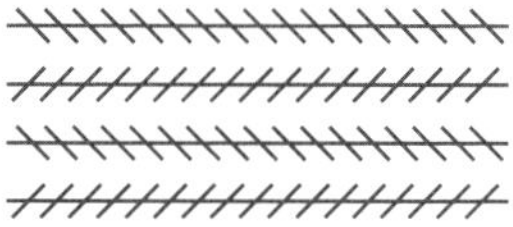

ポンゾ錯視

上部の横線のほうが長く見える
➡ 大きさの錯視

デルブーフ錯視

右の黒丸のほうが大きく見える
➡ 大きさの錯視

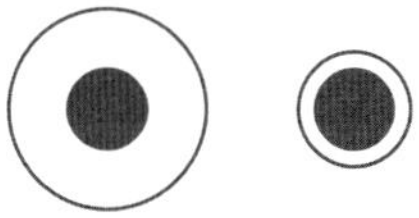

SECTION 18 情報を正しく認知する

認知段階でのエラー

「見た」「聞いた」外部の情報を確認して、それが何であるかを判断したり、解釈するのが認知。この段階でもエラーが出現する。

●認知段階で発生するエラー

知覚情報を正しく的確に取り込んでも、知識や経験不足、理解不足などでその情報を適切に処理できないと、異なった情報として認知したり、大事な情報を見落としたりして、「誤認知」につながるエラーが発生します。

●誤認知の主なパターン

▽視覚情報への誤認知

視覚情報として受容したモノのサイズや形状や色などが似ていると、取り違えや、同じものと誤認識したりする誤認知のエラーを生じます。

それが何ものであるかを即識別できないとか、表示が不徹底とか、モノそのものが視認できるシースルー化などになっていないといったことで、同様の誤認知が生じます。

アナログ式の測定器や表示器（ノギス、表示メーターなど）は、読み取りミスが起こりやすい傾向があります。しかしデジタル式より優れた点もあるので、適用の仕方をよく検討する必要があります。

▽伝達情報の不備による誤認知

指示・命令内容が曖昧だったり、実施者の能力や経験に合った理解しやすい表現になっていないと、指示・命令を取り違える誤認知をして、仕事や作業のやり方を間違える作業エラーが生じます。

▽情報過多・不足による誤認知

作業や業務を行なうときに、取り扱ったり、検索したり、識別したりする対象（情報）が多いと、見落としによる誤認知のエラーが発生します。

逆に作業の行ない方（手順や方法など）の情報が不足していると、不足部分を誤って推測する誤認知が生じます。

▽経験や実績情報への依存による誤認知

入ってきた視覚情報が何であるかを判断するときに、経験や実績の記憶情報を調べ、該当すると思われるものを当てはめて認知しますが、このときに当てはめエラーの誤認知が発生します。

また記憶情報自体があることを忘れる「記憶の喪失」や、記憶情報を思い出せない「失念」が起こると、適切な記憶情報を使えないことになり、誤認知が発生します。

正しく認知することが大事

デジタル式とアナログ式メーターの比較

	読み取りやすさ	読み取り時間	値の傾向の認識性
デジタル式 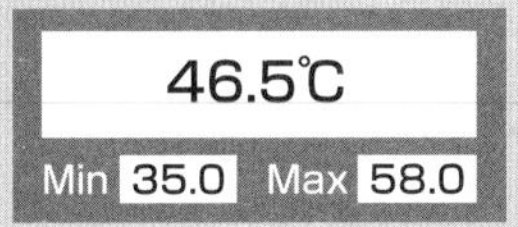	○	△	×
アナログ式 	△	○	○

認知しやすい図面

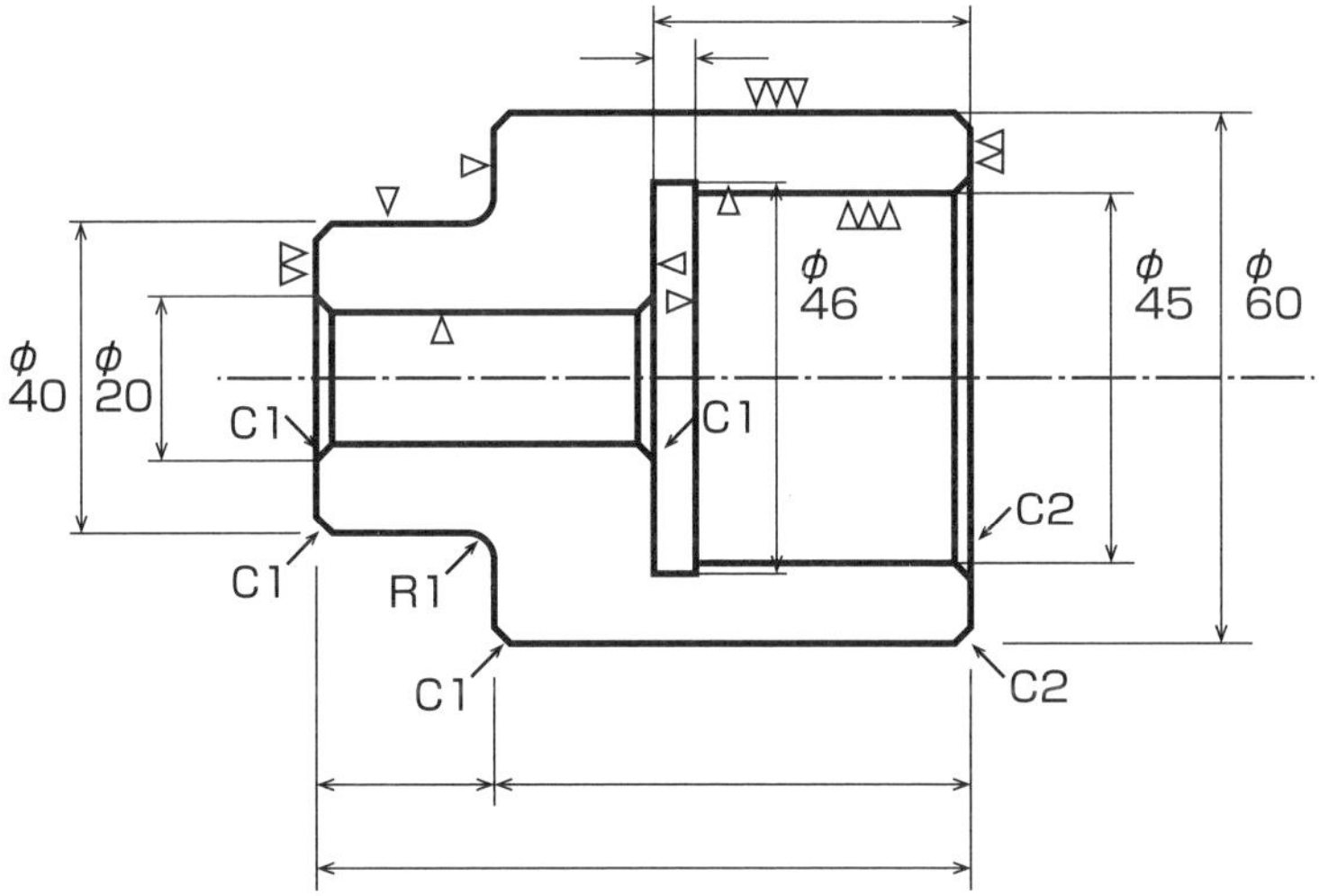

仕上記号や面取りが断面図の上半分と下半分にまとめれられ、
輪郭に沿って一周するとすべてがわかる

SECTION 19

記憶情報が認知や判断をアシストする

記憶機能でのエラー

感覚記憶、短期記憶や長期記憶に蓄えられた記憶情報は、忘れたり（記憶の喪失）、思い出せなかったり（記憶の失念）する問題を起こし、エラーにつながる。

●記憶と認知・判断の関係

目の前の情報や現象を認知すると、次の段階として、過去の経験知、実績知などを活用して、どのような行動をとるかの判断を行ないます。

この経験知や実績知が「記憶」です。

記憶は判断だけでなく、認知機能にも活用されます。ここではこれらの記憶の特性をまとめて説明します。

人の記憶には感覚記憶、短期記憶・長期記憶の三種類があります。

感覚器官で取り入れた情報は感覚記憶に保管され、そのあと短期記憶、長期記憶の順番に転送されていきます（感覚記憶を短期記憶に含める場合もあります）。

●感覚記憶・短期記憶の問題点

記憶の保持時間は、感覚記憶は感覚器官によって差はありますが数秒程度、短期記憶でも数十秒とされています。

また感覚記憶から短期記憶に保持される情報は、本人にとって関心があるものだけが選別されます。

短期記憶では、一度に保持できる情報の数は7±2個が最大といわれています。短期記憶はこのような特性のある記憶のため、失念や忘れることにより、誤認知や誤判断が生じます。

つまり短期記憶は、失われるものだということを前提に、作業の手順や仕組みを考えることが大切です。

●長期記憶の問題点

短期記憶に保持されている情報は、リハーサルと呼ばれる情報の反復作用により、長期記憶へと転送され保持されます。

長期記憶は大容量で、一度覚えれば比較的忘れにくい特徴を持っています。

しかし次のような問題も持っているため、短期記憶と同じような誤認知や誤判断の問題点を生じます。

・長い間使用しないと、記憶が失われる
・長い間使用しないと、記憶が変質する
・記憶したはずなのに、思い出せない

したがって、長期記憶に保管したからといってこれに頼らずに、重要な作業やたまにしか行なわない作業、また大勢の人々が関与する作業などは、手順書などで「見える化」し、共通知とすることが必要です。

ヒューマンエラーにつながる記憶の特徴

エビングハウスの忘却曲線

ドイツの心理学者ヘルマン・エビングハウス（1850～1909）は、意味のない3つの音節（アルファベット）の羅列を被験者に覚えさせ、その記憶がどれくらいの早さで忘れられていくかを実験した。

この実験で、20分後に42%、1時間後に56%、1日後に74%、1週間後に77%、1ヶ月後には79%が忘れられてしまうという結果が出た。

しかし、定期的な復習をすることで、その記憶は定着化していく。

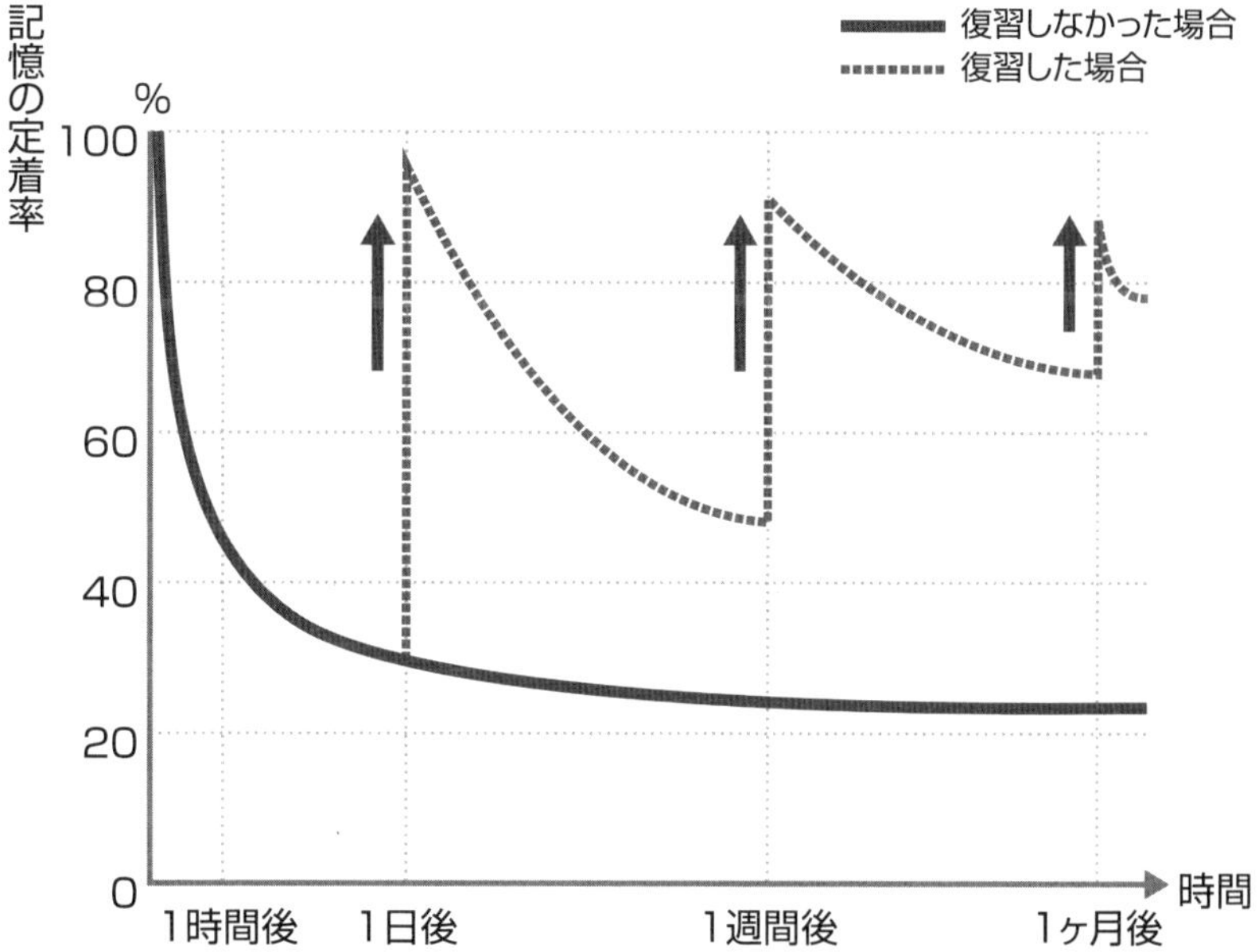

記憶の仕方

- 定期的に復習する
- 記憶したいことを手で書く（復習する）
- 自分の言葉で説明する
- 情報を整理する（フロー図や関連図で図解、あるいは箇条書きなど）
- 棒暗記ではなく、意味づけをする（理由、原因、由来など）
- 事例を考えて、それを関連づける

SECTION 20

判断ミスは行動エラーの入口

判断段階でのエラー

本人の心身の状態や考え方、表示装置の状況など、多くの要素が判断に影響する。これらの関係を理解することが誤判断防止につながる。

●判断ミスの起こり方

認知結果に基づいて情報を見極め、とるべき行動を決めるのが「判断」です。

このときに記憶情報を正しく、適切に活用しても、判断に影響を与える要因は次のように多岐にわたり、これらが判断を狂わせます。

・先入観や知識不足など人に関する問題
・組織内の人間関係のしがらみ
・作業環境の状況
・作業に関連する設備・装置などのハード、ソフトの仕組み

●誤判断を誘発する要因

▽本人の精神状態

・イライラしている
・他のことに気を取られている（心離れ）
・落ち着きがない
・複数の作業や動作を同時に行なっていることによる注意力不足

このような精神状態では、誤判断を生じやすいのです。

職場リーダーは、朝礼でこのような部下をチェックし注意する、作業中に巡回で指導する、など適切に対処することが大切です。

▽思い込み

思い込みとは、「これだ！　と深く信じ込む」ことで、知覚・認知・判断の各段階で生まれます（詳細については4章30項参照）。

▽ソフトやハードの不備

・動作方向と操作方向が一致しない作動レバーによる迷いや混乱（認知的葛藤といわれる）
・作業や動作の順序と工具・部品の配置が一致していないことによるやりづらさ

このようなソフトやハードの不備も誤判断を招き、作業ミスなどを生じます。

▽集団や権威の圧力

作業や業務は、職場の人間関係という基盤のうえで展開されます。

この人間関係の中にある「権威」などの相互関係が判断に影響し、誤判断を招くことがあります（2章15項参照）。

▽判断のプロセスが複雑

多段階にわたる判断や、多すぎる選択肢の中から選択する、などの複雑な判断プロセスも、エラーを招きます。

判断段階でのヒューマンエラー

心身の状態はヒューマンエラーを起こす重要な要因

朝礼の役割

現場リーダーは朝礼で部下の心身の状態をチェックするのが大切な仕事

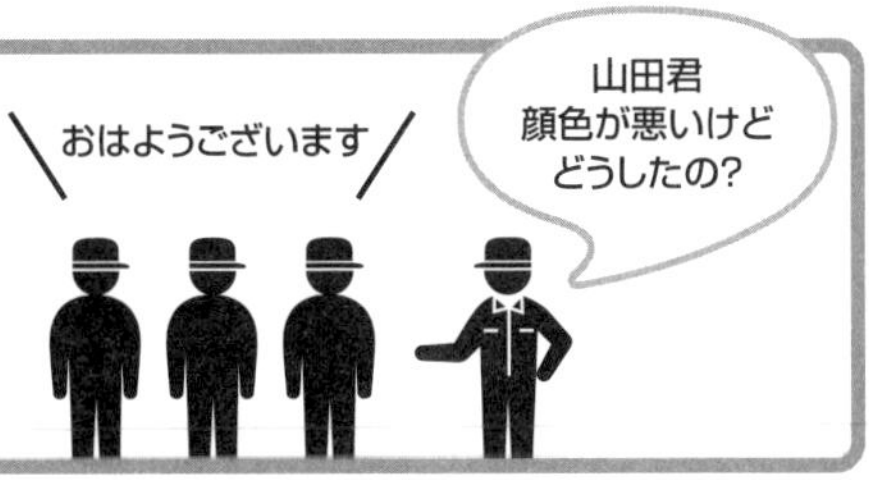
おはようございます
山田君
顔色が悪いけど
どうしたの?

誤判断を避ける工夫

誤判断を防止するポイントは、判断の前に下記のような点を「振り返る」こと。

目的や前提条件を明確にして広い基準で判断しているか?

エラーの例→加工条件を決めるときに、加工時間のみを考慮して、加工品質については考慮していなかったことによって生じるエラー

判断結果で生じる状況や結果をシミュレーションしたか?

エラーの例→組み立て手順の変更を行なった際、その変更による結果や影響をキチンと想定せず、把握していなかったことによるエラー

適切な知覚情報の取り込みや認知をしたかをレビューしたか?

エラーの例→判断するための知覚情報やその認知が、適切であるかどうかを確認しないで、思い込みで「いいだろう」と判断してしまったことによるエラー

最新情報に基づいているか?

エラーの例→最新の技術情報や顧客ニーズ、また最新の設備情報などを把握していなかったり、知らなかったことによって生じるエラー

関連する装置などを正しく理解しているか?

エラーの例→設備·治工具などの状態や、それらの機能や構造原理などについて理解不足だったりすることによって生じるエラー

第三者に確認したか?

エラーの例→経験などが不十分な場合には、職場内のベテランの経験知などを得て進めるべきなのに、そうしたことをしなかったことによるエラー

SECTION 21

人間の行動には3つのパターンがある

行動のパターンとエラー

正しく作業を行なうには、その内容に応じ、適切な「行動パターン」を選択する必要がある。「何となく、いつものやり方で」といった取り組み姿勢はエラーの元。

●行動の三パターン

人は情報を判断して行動内容を決めると、次の三種類の行動パターンの中から実施の仕方を選択します。

①スキルベースの行動（反射的な行動）

日常的、定常的に繰り返し行なわれるような行動です。このような行動は反射的・自動的に行なわれ、情報を適切に認知して行動を決定する、というような過程はとりません。繰り返し単純作業などがこれにあたります。

②ルールベースの行動（規則に基づく行動）

あらかじめ定められたやり方にしたがって行なわれる行動です。

このような行動は、情報を自分の記憶や知識と照合して認知するため、反射的行動に比べると時間を要します。比較的慣れた作業などがこれにあたります。

③ナレッジベースの行動（新規の行動）

今まで経験したことのない作業（課題や事態）に対する行動です。

このような行動は、過去の知識や経験の活用、新たな情報の取得などをフルに行なって目標を定め、手順を決めて行なわれます。

したがって、ルールベースの行動より、さらに処理時間がかかります。

●行動パターンの選択エラー

日常行なう作業や業務は、その難易度、複雑性、新規度、能力・経験度などにより、この「行動の三パターン」のいずれかにより処理されています。

しかし、本来ナレッジベースで行なわれるべき作業や行動が、ルールベースあるいはスキルベースで行なわれてしまうというような「行動パターンの選択エラー」が生じると、適切な判断による行動とならず、行動エラーとなってしまいます。

たとえば、要求精度が今までと大きく異なるのに、加工する部品の形状が似ているために、反射的に従来の加工手順や治工具を安易に適用してしまう、といったことで起こるエラーです。

「つい、いつものやり方でやってしまった」という行動エラーを起こさないように、行動内容をよく理解して行動パターンを決めるようにすることが大切です。

人間の3つの行動パターン

デンマークの認知学者 ラスムッセンのSRKモデル

人間の行動は、どのような情報に対しても同じように判断し、処理しているわけではない。

外部情報(知覚情報)を、経験の有無や能力レベルの内容に応じて判断し、それに基づいて3段階の行動パターンに分けて処理している。

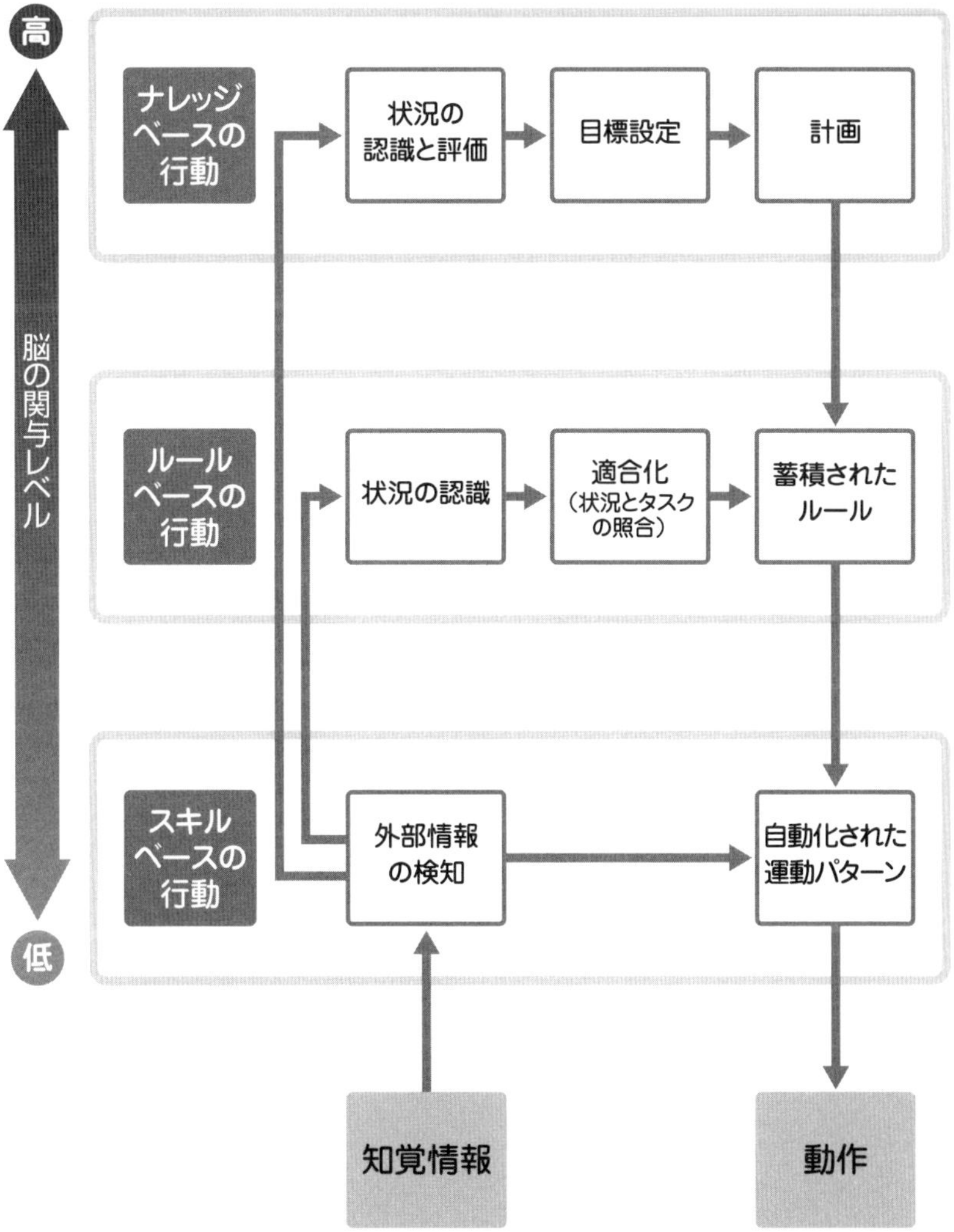

SECTION 22

慣れている行動に落とし穴がある

スキルベースの行動でのエラー

ベテランの作業、繰り返し作業では、慣れにより無意識に手が動き、作業が行なわれる。作業効率が高い反面、誤った行動（動作）を行なってしまう危険性がある。

●スキルベースの行動とは

スキルベースの行動とは、前項で述べたように「慣れている場合の行動」ともいえ、同じ行動を繰り返すことによって身についた行動です。

スキルベースの行動は、認知という活動が不要なので負担が少なく、また慣れた行動を行なうので疲れにくく、さらにいくつかの行動を同時に行なえるといった特徴があります。

●エラーを引き起こしやすい例

▽習慣化した動作には危険が潜む

スキルベースの行動では、身体が行動を覚えています。このため違う行動を行なうべき場面でも、よく行なっている行動を無意識に行なってしまうことによる行動エラーの危険性があります。

▽やりづらい動作は要注意

訓練や繰り返し的な経験で、やりづらい動作でもスキルが向上すれば、品質的にも時間的にもこなせるようになります。しかし、もともとやりづらい動作だと、注意力や集中力が少し低下すると、ミスの確率が高まります。

▽最終段階に潜むミスや危険

人は大事な段階が無事にすむと、そこで達成感を感じ、注意力が低下しがちです。このため、まだある他のやるべきことを忘れたり、動作ミスを生じる危険性があります。

▽気配り項目の多い動作はエラーの巣

同時に気配りする（注意する）項目が多いケースで、とくに形状、色、名前など似ているものが多いと、見落とし、誤認識、勘違いなどのエラーが増大します。

▽集中力の低下による危険

今行なっている動作以外に意識がいってしまう「心離れ」や、意識の低下による集中力の低下などは、行動エラーにつながりやすいリスクです。

集中力が低下するのは、昼の12時から3時ごろ、および夕方5時以降です。このような時間帯には集中力を維持するため、次のような対策を検討します。

・単調な作業、動作の少ない作業は極力集中力の高い時間帯に配分する
・全員でストレッチ運動を行なう……等

スキルベースの行動エラー

行動エラーと原因

人間の行動エラーの原因には様々な要因がある。

人間の脳は、複雑な情報処理メカニズムを持っていて、結果が同じように見える不具合（行動エラー）でも、実は原因であるエラーは異なることも多い。

ヒューマンエラー防止のためには、この人間特性を理解して、それに合った対策をとることが大切になる。

例 操作パネルで、Aボタンを押すべきところを、隣のBボタンを押してしまった……

原因系	認知特性面で見ると	対策
見間違いなら	認知エラー	ボタンの色を分ける、異なる形にする 等
Aを押すつもりが、思わずBを押してしまった操作間違いなら	行動エラー（スキルベースの行動）	ボタンにガードを付ける、チェックリストを使う 等
覚え間違いでBを押してしまったエラーなら	認知エラー（記憶違い）	ボタンに名称を記入する 等
判断を誤ったミスなら	判断エラー	なぜそのように判断したのかを分析し、マニュアルの変更、教育などが必要

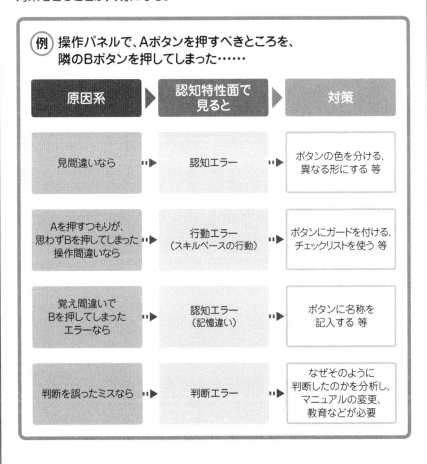

SECTION 23

ルールにしたがった行動は堅実だが……

ルールベースの行動でのエラー

手順などのルールを確認し、それにしたがっての行動はミスが少ない。そのためにはルールそのものが最新・最適な状態に維持されていることが欠かせない。

●ルールベースの行動とは

ルールベースの行動とは、ルール（規則、基準、標準手順など）にしたがってとられる行動です。この行動パターンでは、正しいルールの誤った適用や、誤ったルールの適用、さらにはルールの無視などでエラーが生じます。

しかし、スキルベースの行動やナレッジベースの行動に比べて、ルールベースの行動でのエラーが一番少ないといわれています。

●エラーを引き起こしやすい例

▽ルールの選択ミスによるエラー

「これでいこう」と決めたルールが適切でなかった場合（ルールの選択ミス）や、状況や条件の変化に合わせて適用する手順を変更すべきなのに、変更しなかった場合などに起こる行動エラーです。

これらは「思い込み」による、認知した情報とそれに基づいて判断した結果と、ルール（適用作業・手順）間の不整合です。

▽ルールそのものの誤り・ルールの陳腐化・形骸化によるエラー

ルールの内容に手順的な誤り、またはルール内容の陳腐化などがあれば、ルールそのものが守られなくなり、行動エラーとなります。

ルールの見直し体制を明確にして、常に最新のルールを共有化できるようにする必要があります。

▽焦りなどによる手順無視のエラー

「作業遅れがある」「納期が切迫している」といった状況で、選択したルールの手順を省略したり、無視することによって、品質不良などを生じる行動エラーです。

危険域を横切って移動するような「近道行動」、保護装置を外して高所作業を行なう「省略行動」なども、安全に関する行動エラーです。

▽合理的でないルールによるエラー

人は楽な動作、慣れた動作、効率的な動作を選びます。そのため手順が合理的・効率的でないと守らなくなります。

決められた手順を守らずに別の手順（ルール）を選択したとき、これが適切なルールでないと、行動エラーを生じます。

ルールベースの行動エラー

作業への集中力を高める取り組み

●作業環境を整える

→ 作業域の5Sの徹底で、集中しやすい環境をつくる
（5S：整理・整頓・清掃・清潔・躾）
→ 作業台や事務机の上は、今行なっている仕事の道具・部品・書類のみを置く

●作業の完成目標を、時間単位で細かく立てる

→ 仕事の目標を1日単位から、半日単位、時間単位へと細かくする

●次の作業に入る前に、休憩を入れる

→ 区切りの時間が来たら、いったん作業を止めて休憩する
→ 休憩では、ストレッチや深呼吸などでリフレッシュする

●作業域の照明は、スポットライト効果で集中力を高める

→ 職場全体が明るいと、集中力をそいでしまう場合がある

●職場の状況にもよるが、バックグラウンドミュージックを職場に流す

→ 集中力を高める音楽を間欠的に流す

作業などの動作エラーを防ぐ取り組み

●モノに対して、判別しやすい表示を工夫する

→ 表示の文字を大きくする
→ 文字や表示板の地色を色分けして表示する
→ 表示板の取り付けは、目線に入りやすい位置にする

●部品の配置は、使用しやすい工夫をする

→ 使用順に並べる
→ スムーズな手の動きで取れるようにする
→ 取り出しの手の移動距離を極力短縮する

●部品への照明などを工夫する

→ 照明を十分に明るくする
→ 照明は目に入らない方向から照射する
→ 目が疲れないような、間接照明を工夫する

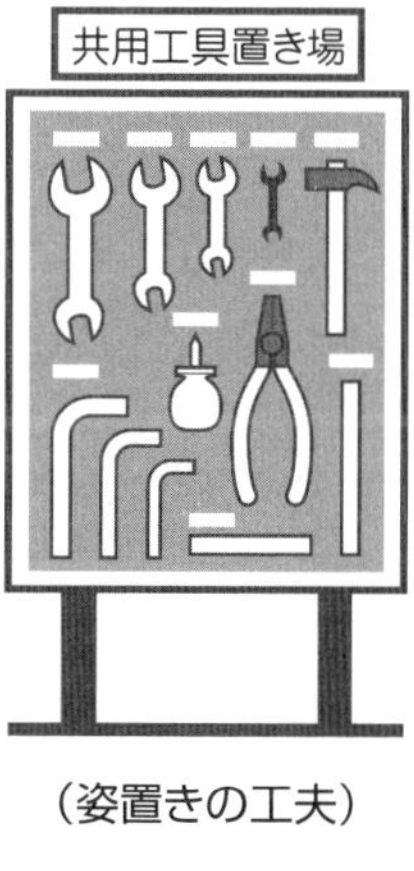

（姿置きの工夫）

SECTION 24

「初めて」を自覚しての事前検討が大切

ナレッジベースの行動でのエラー

初めてのケースに遭遇した場合は、どのような経験知があるかの確認や、どのように進めるべきかの検討が大切になる。

●ナレッジベースの行動とは

初心者が直面する課題や作業は、初めて経験する場合が多いため、

・十分な知識が必要だが、経験がないためこれが不足し、適切な判断ができない

・行動手順が確立していないので、行動の遅れ、操作の忘れなどが生じ、それが焦りを呼ぶ、といった悪循環に陥る

ベテランにおいても、今まで経験したことがないような課題や事態に直面した場合は、確立したルール（手順）がありません。初心者にせよベテランにせよ、このような場合には情報を見極め、対応方法を決めていく必要があります。ナレッジベースの行動は、思考と推論により行なわれる行動です。

●エラーを引き起こしやすい例

▽注意力の限界

人の注意のおよぶ範囲は、かなり限定されています。

経験していない事柄は自分の知識外であり、注意がおよびません。このためエラーを生じやすい傾向があります。

▽従来の経験に引きずられる

過去に多く経験した方法には、慣れやなじみがあるため、ついこれを用いる判断に傾く傾向があります。その結果として適合しない方法を選ぶというエラーに陥りやすいのです。

▽広く注意を配れない

新しい事柄に取り組むには、そこに潜む問題に対し、広く注意を配ることが大切です。しかし、とかく注意が一点集中となって視野狭窄に陥り、エラーを生じやすくなります。

▽初めに浮かんだ考えに固執しやすい

問題解決のアイデア出しの段階で、人は初めに浮かんだアイデアにとらわれやすいものです。そこに最適なアイデアを選び損ねるエラーの危険性が生じます。

●ナレッジベースの行動の扱い方

ナレッジベースの行動は、できるだけ「ルールベース」で行なえるようにすることです。

すなわち、行動を流れに沿って分解し、それを手順化・標準化します。そして実施段階で、これを活用し順守することが、エラーを防ぐために重要です。

3つの行動パターンで発生するエラー

3つの行動パターンとエラーの関連

行動パターン

ヒューマンエラー

		スキルベース	ルールベース	ナレッジベース
意図しない行為（過失）	[スリップ] うっかりミス、 行動の間違い、 注意不足・注意欠落	○		○
	[ラプス] うっかり忘れ、 物忘れ、 記憶の欠如	○		
意図的行為（故意）	[ミステーク] 思い違い、思い込み、 ゴールの設定自体のエラー		○	○
	[バイオレーション] 意図的違反、 手抜き、近道行動、 省略行動、怠慢		○	

→ 製造ミス

ベテランの注意点

ベテランは、長い経験によりテキパキと行動し、効率の高い作業を行なっている。

反面、以下のような落とし穴があるので、常に「これでいいのか」と、ストップ・ルックが求められる。

- 慣れているために不注意になりやすい
- 意図的違反（バイオレーション）が多い
- 状況判断で思い込みが発生しやすく、なかなか抜け出せない
- 状況が変わっても、手や身体が慣れた反応で動いてしまう

COLUMN 3

作業の中断はヒューマンエラーへの近道

A君は、マシニングセンターの取り付け治具の調整作業として、基準ブロックを位置決めした後、固定ピンを打っていました。そのとき上司から呼ばれたため、ピン打ち作業を中断して上司の作業机まで行き、次の作業の説明と指示を受けました。

上司の説明が終わって、「久しぶりにやる作業だ。作業手順はどうだったかな」と考えながら機械に戻り、先ほどのピン打ちの続きの作業を行ないました。

ところが再開したピン打ちで、1つ基準ブロックを抜かしてしまいました。そのため連続加工に入ってから、徐々に基準ブロックがズレてしまい、加工不良が大量に発生してしまいました。

＊　　　＊

この現場の状況を見て、考えられる問題点は何でしょうか？

まず上司が作業途中のA君に声かけをしたのが、問題の発端としてあります。そしてA君が、上司の声かけに応じて作業を中断してしまったことが、引き続いての問題です。

さらには、上司の声かけに応じて作業を中断するときに、再開時に作業のモレや飛ばしを防ぐための、再開の手がかりを残していなかったことです。また再開時に、ストップ・ルックを行なうなど、漫然と再開しないことを意識していなかったことなどが問題でしょう。

このような日常的によく見られる作業ミスの大きな要因である「作業中断」には、私たちは次の3点に注意することが大切です。

・作業の中断はしない。キリのいいところまで進めてから中断する
・やむを得ず中断するときには、ミスがなく再開ができるような手がかりを残す
・作業の再開時には、ストップ・ルックで、その手がかりをしっかり確認してから再開する

4章

ヒューマンエラー
防止対策の取り組み方

SECTION 25

２タイプの再発防止の取り組み方

責任追及型と改善志向型

再発防止はヒューマンエラー発生の真の原因を見つけ、これを低減することが基本。

ヒューマンエラーによる製造不具合（品質不良、納期遅れ、設備破損、労働災害など）が生じた場合には、不具合について迅速かつ的確な処置と、製造不具合の再発防止を行なう必要があります。

大切なのは再発防止です。不具合の処置だけで終わっているヒューマンエラー対策では、今後も同種のエラーが再発する可能性が高いからです。

●再発防止の取り組み方

再発防止の取り組みを行なうときの基本的な進め方には、「責任追及型」と「改善志向型」があります。

▽責任追及型

「誰がやったのか、誰の責任か」という考えで、ヒューマンエラーを起こした工程や、作業を担当した人、原因をつくった人を追及して特定し、その人に責任を帰結させようとするやり方です。

そしてエラーを起こした人が属する責任者に対策を一任し、一件落着とするやり方です。

責任追及型のエラーの再発防止は、組織が硬直化した大手企業や官公庁でよく見られる進め方です。

しかし、この方法だけでは有効な再発防止対策にはなりません。

▽改善志向型

これは再発防止のための原因究明、それに基づく対策立案（改善）を優先して進めるやり方です。

もちろん、ヒューマンエラー発生の責任の所在を明らかにすることは、原因究明の一環として不可欠です。

●責任追及型の問題点

ヒューマンエラーを起こしたこと自体に対して責任を追及し、その製造不具合の対策を担当責任者に押しつけると、次のような問題点が生じます。

・対策が本人の経験や技術の力量を超えている場合は、的確な対策がとれない

・責任の「押しつけられ感」が強くなり、改善意欲がわかない

・同様の作業時に、またヒューマンエラーを起こすのではないかという気持ちに陥り、焦ってまたヒューマンエラーを起こしてしまう

エラー再発防止の取り組み方

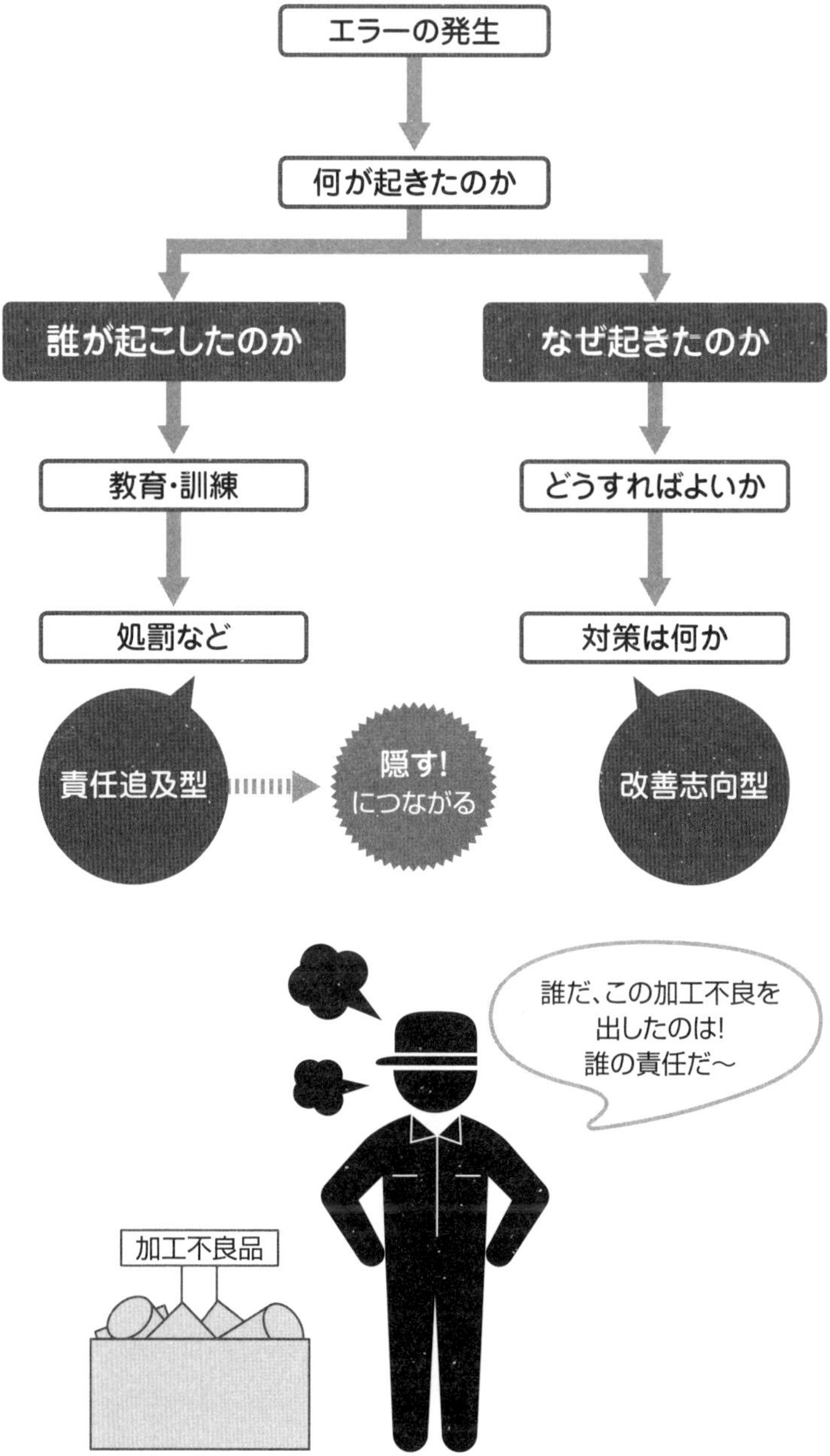

SECTION 26 ヒューマンエラーには多面的に取り組む

ヒューマンエラー防止対策の３側面

ヒューマンエラーへの取り組みは、組織面、現場管理面、個人面の３側面からアプローチすることが大切。

ヒューマンエラー対策を進めるときには、組織の側面、現場管理の側面、個人の側面の三つの側面から、総合的に取り組むことが大切です。

●組織の側面

私たちは日々の製造作業や業務の中で、ヒューマンエラーを起こし、ヒヤリ・ハットに遭遇しています。

これらの日常的なヒューマンエラーの相乗効果やヒヤリ・ハットの組み合わせにより、製造不具合が発生してしまうのです。

そこで製造不具合に発展する前に、ヒヤリ・ハットの情報を把握・共有化し、ヒューマンエラーを起こさない再発防止対策や予防対策の「仕組み」を確立して、実施することが大切です。

また、これらの情報や対策のノウハウを基にして教育や訓練を計画的に実施し、「品質意識の向上」を図ることが肝要です。

●現場管理の側面

製造不具合に発展した場合は、現場管理として、その処置（品質不具合であれば、修正・再加工など）を迅速に行ない、その不具合の再発を防止する対策を展開します。

現場リーダーはこの対策が確実に展開されるような仕組み（不具合の見える化、再発防止対策の見える化など）をつくり、これを運営していくことが大切です。

また現場リーダーは部下の健康や精神状態を朝礼などで確認し、問題になりそうな場合には、指導、チェック、場合によっては担当者の配置変更などを確実に行なうことが必要です。

●個人の側面

ヒューマンエラーを起こすのは、それぞれの担当者個人です。

そこで、それぞれの担当者がヒューマンエラーが起こる認知特性や誘因の仕組みをよく理解して「品質意識」を高め、ヒヤリ・ハットを起こした場合は、自身でこれをキチンと認識し、次の動作のときの反省とすることが必要です。

また誘因についても、作業条件や環境に問題がある場合は、自ら改善を進めることが必要です。

エラー防止への取り組みの3側面

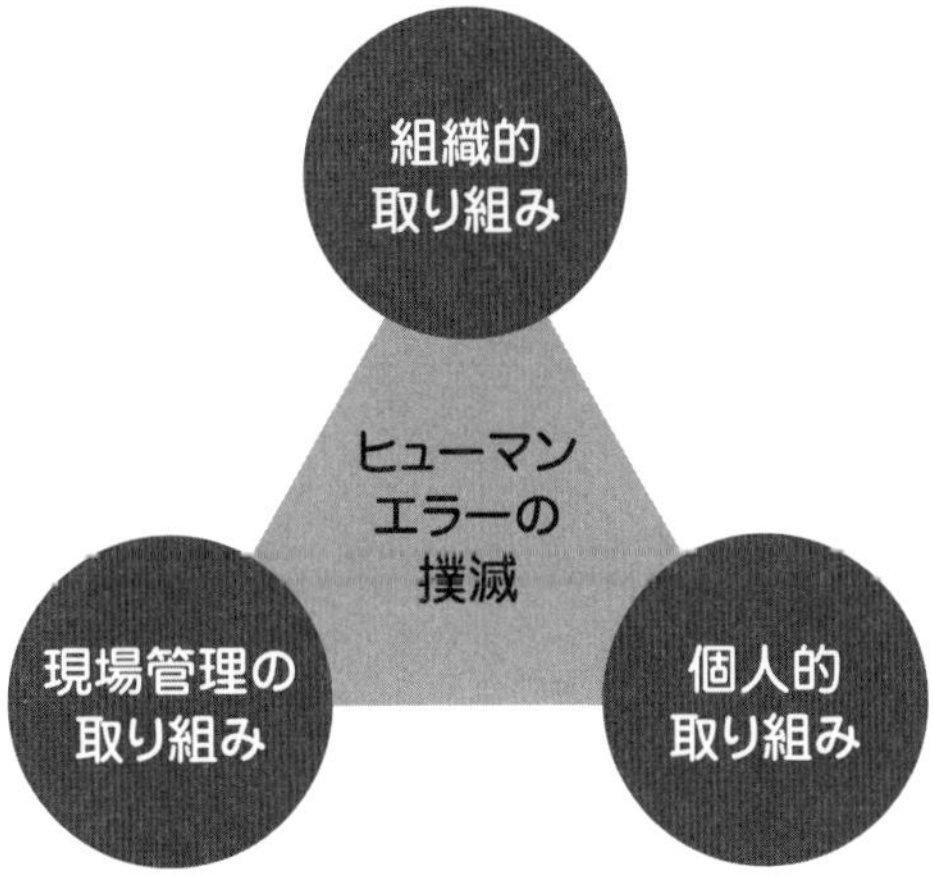

リーダーがヒューマンエラー防止に強い関心を持って、適切な現場監督や指導を行なえば、ヒューマンエラーの80%は防げる、といわれる

組織的取り組みと予防対策

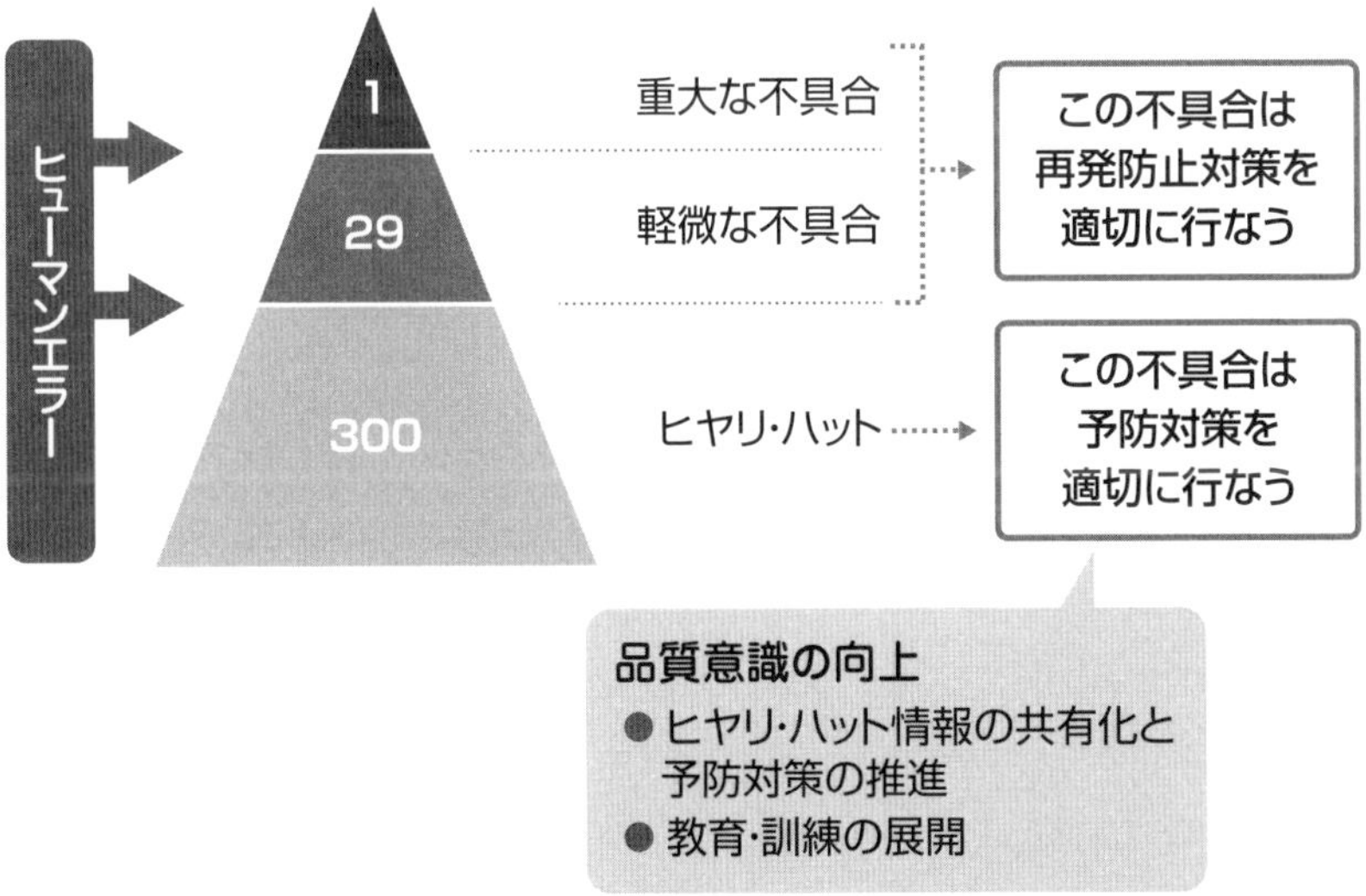

SECTION 27

再発防止活動には手順がある

効果的な再発防止の取り組み方

再発防止の基本手順は、現状把握→発生原因の追究→対策案立案→対策案実施→効果の確認だ。

●効果的な再発防止活動の手順

エラーの再発防止対策は、次の手順で進めると効果的です。

▽**現状把握**……製造不具合が発生するまでのヒューマンエラーの事象や誘因などの状況、およびそれらの関連性をすべて把握します。

まず、「どのようなヒューマンエラーの元（起因）があったのか」「それがどのような要因（誘因）により発生したのか」「どこでそのエラーは見逃されたのか」「製造不具合はどのように起きたのか」を把握します（5章35項参照）。

▽**発生原因の追究**……認知特性でのヒューマンエラーの元（起因）が生じた原因や、誘因として強く働いた事象や条件について原因分析し、製造不具合が発生した真の原因（群）を特定します（5章34・36・37項参照）。

▽**対策案の立案**……特定した真の原因（群）に対し、その原因の発生防止や早期発見の方策を検討します（6～9章参照）。

▽**対策案の実施**……対策案を実現するための実施項目とそのスケジュールを実施計画として設定し、改善の実施（改善方策の実現）に入ります。

ここでは、計画、実施状況、進展状況などを見える化して進めると、より確実に実施が進みます（29項参照）。

▽**効果の確認**……神ならぬ私たち人間は、真の原因（群）を確実に特定するのはむずかしく、そのため対策案なども的確かつ十分なものとは言い切れないことも多いのが実態です。

言い換えると、**「なぜなぜ分析」**（5章34項参照）などで把握した原因は、まだ仮説です。この仮説としての原因を検証し、真の原因であることを確認する必要があります。

そのために同種の製造不具合の再発状況を確認し、もし同種の不具合が発生しているようなら、真の原因は別にあったことになります。

あるいは対策案は有効でなかったとして、再度、最初に戻って検討することが必要です。

効果的な再発防止の取り組み方

再発防止対策の流れ（予防対策も同じ流れ）

現状把握　　どこで、どのような不具合が、どのように生じたのか

↓

原因の追究

↓

対策案の立案

↓

対策案の実施

↓

対策の効果の確認

発生原因の追究の仕方

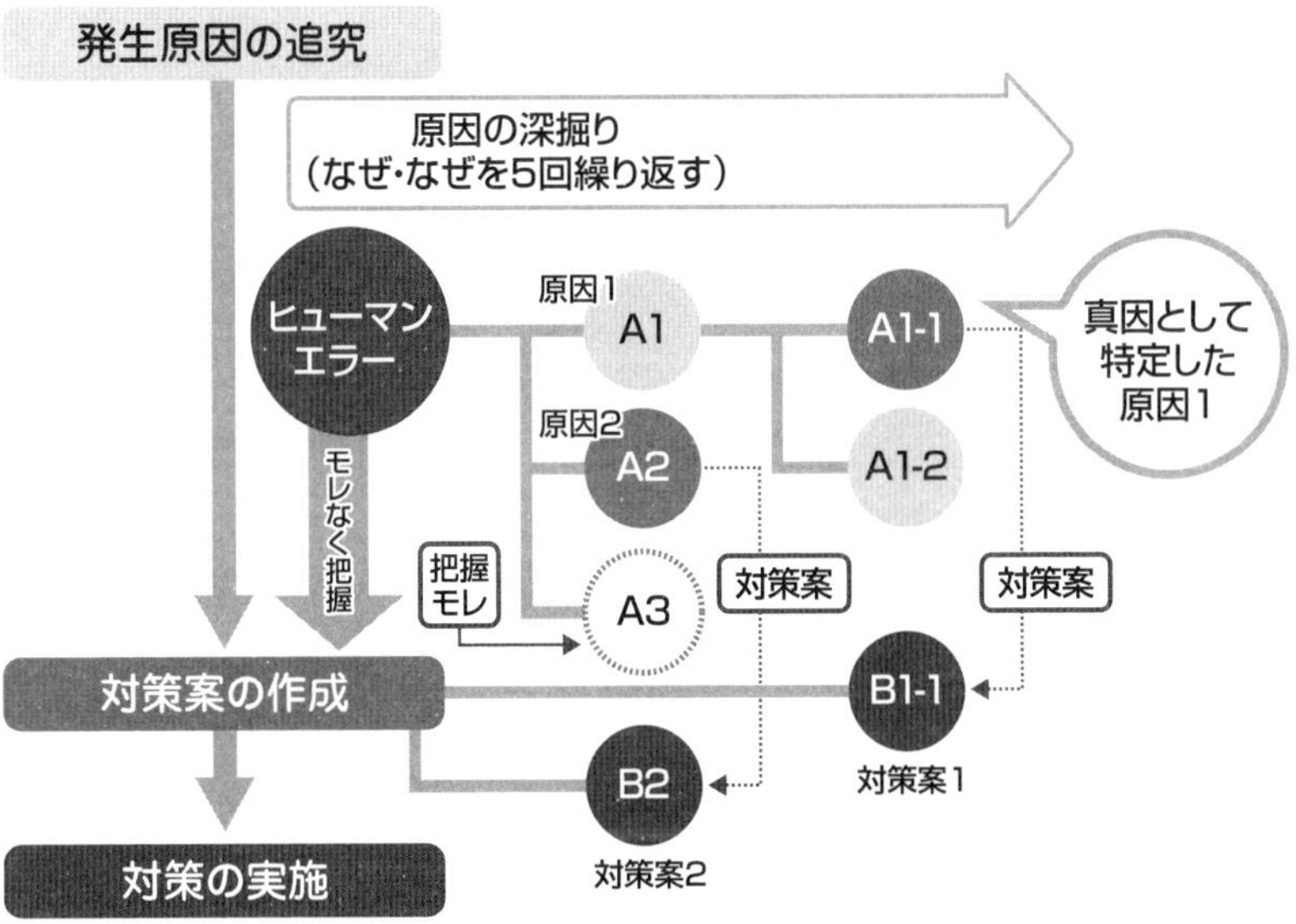

なぜなぜ分析

ある問題を引き起こした原因の「なぜ」と、その原因を引き起こした要因の「なぜ」の問いを繰り返すことで、その問題への再発防止策を導き出す方法。トヨタ生産方式の代表的な問題解決手段

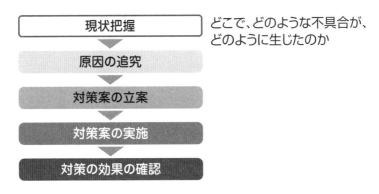

SECTION 28

原因の的確な把握がスタート

原因追究のポイント

「認知特性では」「誘因では」、さらにその後の「抑止失敗では」……その原因を深く、広く追究すること。

●発生原因の追究の仕方

製造不具合の再発防止対策を的確に行なうには、発生の原因をきちんと把握することが不可欠です。

原因を把握する場合、ヒューマンエラーが製造不具合に至る流れを、全般的に見る（どんぶり的見方）のではなく、次のように問題点を要素別、現象別などに分けて（分解的見方）、その一つひとつに検討を加えて、原因を追究します。

・ヒューマンエラーが、認知特性のどの段階で、なぜ発生したのか？

・ヒューマンエラー発生の誘因は何だったのか、なぜ誘因となったのか？

・製造不具合に発展する前に、なぜ抑止できなかったのか？

●原因追究のポイント

ヒューマンエラーの発生原因の検討では、「より深く」「より広く」の2点から追究することが重要です。

▽深く追究する

対策案の質と成果の高さは、とらえた原因の質に対応します。

すなわち原因というのは、まず表面的な原因があり、その原因の背後にさらに深い原因があり、そしてさらにその原因の背景には……と何段もの原因から成り立っているのが通常です。

このようにして追究した一番深い原因、すなわち真の原因を見極めることが大切です。

そのためには、出てきた原因に対して、さらに「なぜ？」と問いかけ、真の原因（真因）を把握していくことです。

対策案の立案段階では、この真の原因に対しての対策を検討します。

▽モレなく追求する

ヒューマンエラーは多くの場合、担当者の健康状態、作業域の照明、作業条件など、複数の原因がからんでいる「複合汚染」的な状況で発生しているといえます。

このような場合は、**「ロジックツリー：論理の樹形図」**で整理していくと原因が明らかになります。

そして特定した複数の原因に対しては、それぞれに対して真の原因を追究し、対策案を作成します。

真の原因を追究する

分析の進め方

ものごとはザックリと全体を見て(どんぶり的)分析しても、真の問題点はとらえきれない。

ものごとを要素別・現象別に細かく分けて分析すると、問題点や課題をとらえやすくなる。

- 一連の手順を、細かく段階に分けて分析する
- 対象の要素を細かく分解して分析する
- 時間軸で細かく分けて分析する

どんぶりから分解へ

分析は「どんぶりから分解へ」の視点で進め、次の点を追究する

- 起因は何か?
- 誘因には何があるか?
- 製造不具合に発展した流出要因は何か?

[例] ロジックツリー(樹形図)で複合要因を整理

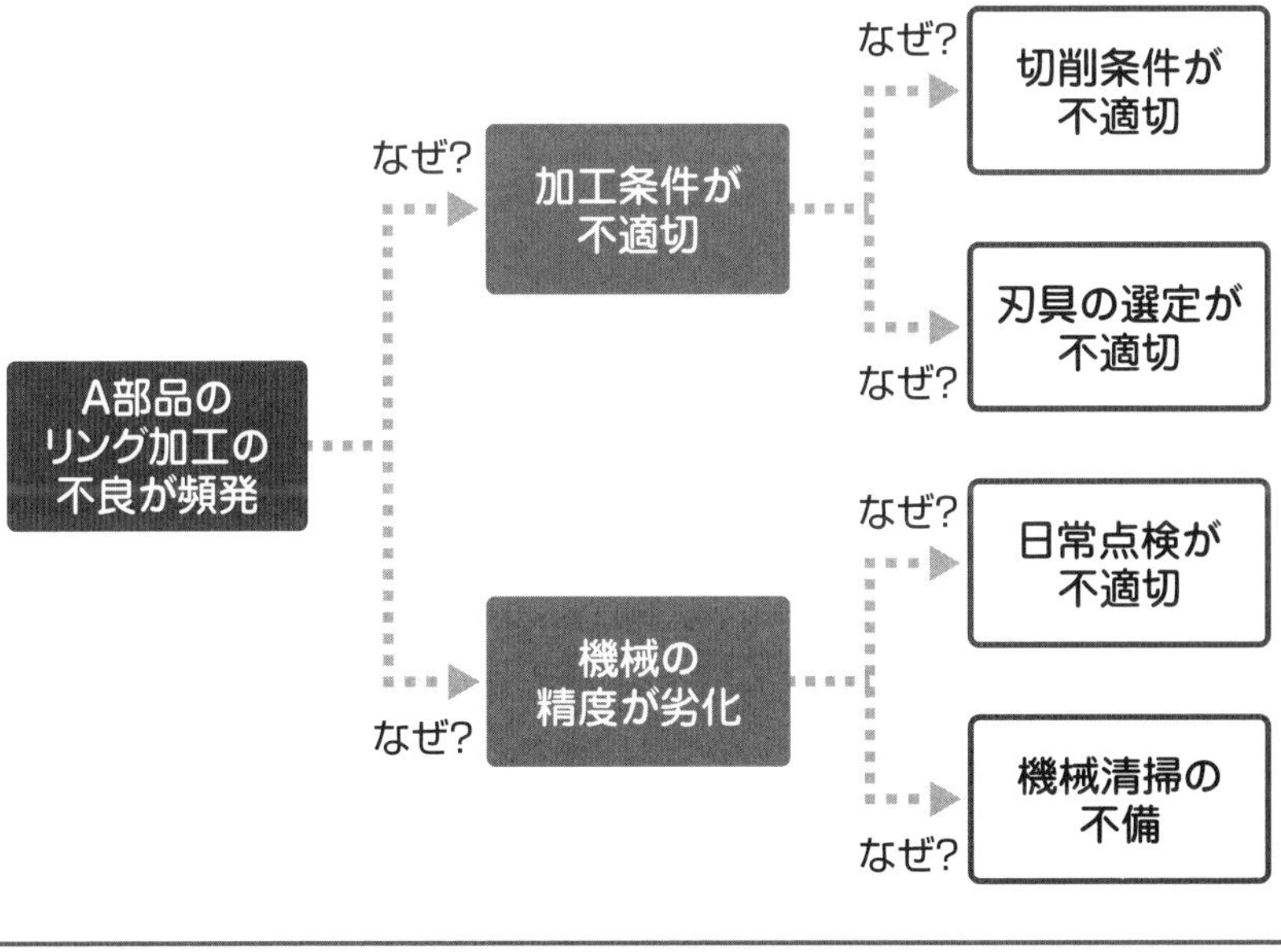

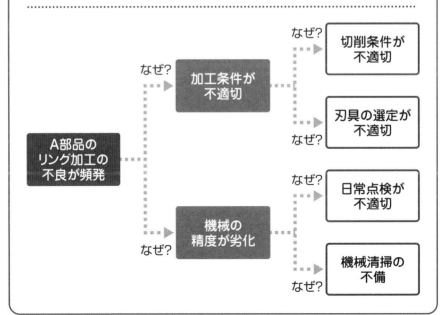

SECTION 29 効果的に改善の実施を進めて成果を出す

対策案の立案と改善実施のポイント

ヒューマンエラー防止対策の成果の刈り取りは、実施計画の充実と見える化の工夫で進める。

●対策案立案のポイント

真の原因（群）が特定されれば、再発防止のために、特定したそれぞれの原因に対し、排除する方法、即ち対策案を決めます。

人の認知特性そのものが不具合の原因（起因）だった場合の対策案は、通常、むずかしいものがあります。

そこで対策案は誘因（ヒューマンエラーが出やすくなる環境）面から検討すると、改善案が出やすくなります。

対策案を検討する際には、原因を排除するための具体的な手段・手順・道具などを考えることが大切です（6～9章参照）。

教育や研修も人の意識を高めるために大切ですが、それだけでは改善方策の効果や持続性の面で、不十分な場合が多いでしょう。

●改善実施計画をつくる

対策案が決まれば、改善の実施段階（改善案の実現段階）に入ります。

改善方策は、それぞれの原因に対応して多岐にわたりますが、大きく分けると次のような側面があります。

・モノや作業の側面
・設備や治工具などの側面
・マネジメントや人の側面

改善の実施に当たっては、実施計画を策定し、場当たり的でない、計画的な展開を図ることが大切です。

それには次の点を明確にした計画を作成するといいでしょう。

・改善内容を確実に達成するための実施事項
・実施のために必要な資源（時間・人・予算・場所など）
・実施のスケジュール
・実施の責任者・担当者
・効果の確認方法

このように設定した改善実施計画に基づき、改善活動を着実に展開します。

このときに実施状況、進捗状況、計画に対する進度や改善内容に関する問題点などを定期的に記録し、見える化ボードに掲示して、職場内でこれらの情報の共有化を図ると、より確実に改善の実施が進みます。

ヒューマンエラー防止対策の立案

改善は計画をきちんと立てて進める

ヒューマンエラー改善計画表

作成日:　　作成:　　承認:

テーマ	目標	責任者	実施項目		2017年 1月	2月	3月	4月	5月	6月	7月
造粒装置の操作ミスの防止	ヒヤリ・ハット件数 1件／月 製品不良件数 0件／月	城中リーダー	操作ミスの調査と内容分析（ヒヤリ・ハット報告書などの調査を含む）	計画	→						
				実績	80%	100%					
			原因分析（認知特性面での起因分析）	計画		→					
				実績		70%	100%				
			原因分析（SHEL※面での誘因分析）	計画		→	→				
				実績		0	40%	100%			
			原因分析（不具合防止の失敗要因分析）	計画		→	→				
				実績		0	60%	100%			
			原因の特定と対策優先順の設定	計画				→			
				実績				0	100%		
			対策案の策定…対策案ごとに実施計画を策定する	計画					→		
				実績							
			対策案の実施	計画						→	→
				実績							
			効果の確認 1：製品不良件数（発生件数／月）	計画							
				実績	2	0	1	2	3		
			効果の確認 2：ヒヤリ・ハット件数（発生件数／月）	計画							
				実績	13	9	11	15	12		

※ **S**：Software（マニュアル、作業標準など）
H：Hardware（設備、装置、機械など）
E：Environment（作業環境）
L：Liveware（人間、作業者）
（5章37項参照）

SECTION 30

思い込みは「誰でも」「いつでも」発生しやすい

思い込みから見たヒューマンエラー

思い込みをしてしまう要因を理解して、自分の思考パターンを見つめ直し、思考上の弱点を克服しよう。

●思い込みとヒューマンエラー

「思い込み」とは、「深く信じ込むこと、それ以外にはないと固く心に決めること」です。この思い込みは、認知特性のあらゆる段階で現われ、これに陥ると、人は適切な行動ができなくなります。

これが知覚段階で生まれると、「見たいモノだけを見ていて、見たくないものは見ていない」という知覚エラーが生じます。

認知段階で生じると、「今回の情報も前と同じだ」などと即断して、誤認知を生みます。

そして判断段階で生まれると、客観的、公平な判断ができなくなり、誤判断を生じます。

●思い込みが起きる要因

思い込みに陥る大きな要因には次のようなことがあります。

・自分なりに「わかった」という、自己納得する気持ちなりたがる

・人は習慣的な判断行動や、期待感に陥りやすい面を持っているため、「またあれだ！」「あっ、あれだ！」と自分のこれまでの経験・体験等から早とちりしてしまう

・都合の悪い情報は切り捨て、都合のいい情報のみを採用するといった、意図的選択をしてしまう

・無関係な情報を都合よく結びつけたり、部分にこだわってしまい、全体を見失ってしまう

このように発生した思い込みには、次のような特徴があります。

・自ら気づく可能性は低い

・とくに急がされているときなどに陥りやすい

・個人だけでなく、組織・集団でも思い込みは発生する

●思い込みを防ぐには

思い込みを防ぐには、「自分は思い込みに陥る傾向がある」という自覚を持つことから始めます。

そして、「なぜ、そう思い込んだのか？」「どうすれば、何をすれば、思い込みが排除できるのか？」と、常に自分の思考パターンを見直すことが大切です。

「思い込み」を防ぐ

思い込みを防ぐには

- 決める前、実行する前に、いったん立ち止まり、「これでいいのか?」と振り返って、確認後に進める
  - ストップ・ルックを意識的に行なう
- 自分の考えていること、しようとしていることを声に出す、または同僚などに話す習慣をつける
  - これがスムーズにできるように、日頃から職場内でのコミュニケーションをよくする
- 自分で自分を知り、自分をコントロールできる力を上げる
  - 慌てたり、勘に頼りすぎたりしていないか?
  - 独善的にものごとを決めたがらないか、人の言うことを聞いているか?
  - 人のことを気にしすぎて、自分の主張を抑えるということはないか?
  - 細かいデータに頼りすぎ、全体の目標を見失うということはないか?

SECTION 31 教育を計画的に行なう

ヒューマンエラー防止教育の進め方❶

リーダー教育

ヒューマンエラー防止の最大の責任はリーダーが担っている。このためリーダーの指導・教育の力量を高めることが不可欠。

●ヒューマンエラー防止教育の種類

ヒューマンエラー防止教育の目的は、ヒューマンエラーに起因する製造不具合の撲滅です。

この教育は、作業や業務の担当者と、職場の監督者（職場のリーダー）に対して行ないます。

●リーダー教育の進め方

ヒューマンエラーの予防に関して、リーダーは非常に大きな役割を担っています。

リーダーが適切な現場監督や指導を行なえば、ヒューマンエラーの80％は防げるともいわれています。

▽教育項目

リーダーには現場での監督、担当者の指導を的確に行なってもらう必要があります。

そこで担当者への「知識・技能・認識教育」のために、リーダーへは次のような項目の内容、教え方を教育します。

・監督者がはたすべき役割と監督業務の内容
・ヒューマンエラーの重大性と、その予防のためのリーダーの役割
・ヒューマンエラーの発生の仕組み、「起因」と「誘因」の関係（1～3章参照）
・作業環境の整備、作業方法改善の進め方（6章参照）
・設備・治工具面の改善の進め方（7章参照）
・危険予知力の向上、ヒヤリ・ハット情報の収集と活用の進め方、部下の心身の状態の把握の仕方（8章参照）
・新規作業のヒューマンエラー防止対策ポイントの把握（予防的分析）と対策の進め方（5章参照）
・発生したヒューマンエラーの分析手法（事後分析）、防止対策案の立て方、改善実施の進め方（5～9章参照）

▽教育の進め方

これらの項目の教育を効果的に進めるためには、それぞれの面の経験者（会社の担当管理者など）が、本書の該当部分をベースにしたテキストを作成し、通常の仕事を一時的に離れて、Off-JT（Off The Job Training）で教育訓練を行なうといいでしょう。

ヒューマンエラー防止のためのリーダー教育

リーダーの役割

リーダーによる現場監督や担当者への指導でヒューマンエラーは80%防げる

ヒューマンエラー撲滅に向けてリーダーに求められる役割

- 部下への知識教育、技能教育、認識(姿勢)教育の実施
  - ▶ これらは、主としてOff-JTで行なう(技能教育はOJTでも行なう)
- 日々の作業を通しての教育(OJT)

「自然な機会と場」でのOJTのポイント

1 仕事を割り振るとき

- 部下の能力に応じて段階的・計画的に、①見習い→②一部代行→③担当、と作業の習熟度を確認しながら割り振る

2 仕事を指示するとき

- 作業の目的、事前準備事項、基本手順、作業の急所、過去の失敗事例などを情報として与え、指導する

3 ミスや問題が生じたとき

- 素早く失敗の処置を講じる
- なぜヒューマンエラーを起こしたのか原因を究明し、再発防止を図る
- 責任を本人に自覚させる
- ミスを次の作業に活かすようにさせる

4 悩みや相談を受けたとき

- カウンセリングマインドで傾聴する
- 部下の相談の真意をつかむ
- 状況を把握し、原因を明確にして助言し、激励する

5 仕事に取り組んでいるとき

- 仕事の面では ▶ 仕事のやり方に目を配る、声をかける
- 人の面では ▶ 部下の能力と仕事のバランスを確認する
  人間関係やコミュニケーションはよいか、確認する

6 報告を受けたとき

- 中間報告 ▶ 状況を把握し、必要な追加指示を出す
- 完了報告 ▶ 労をねぎらい、途中に問題点はなかったか、今後に役立つデータなどはなかったかを確認する

SECTION 32

ヒューマンエラーは作業の中で発生する

ヒューマンエラー防止教育の進め方❷

担当者教育

担当者がヒューマンエラー防止の意識（品質意識）を持っていることが、最前線の防止策だ。

●担当者教育の進め方

担当者がヒューマンエラーを起こさないように、発生予防の視点から「知識教育」「技能教育」「認識教育」の三つの側面について教育を行ないます。

▽知識教育

ヒューマンエラーに関する知識を深め、その発生予防の行動を各人が取れるように、次のような項目を教育します。この知識教育は職場ミーティングなどを利用して行なうといいでしょう。

・該当作業での過去のヒューマンエラーと製造不具合の発生状況
・ヒューマンエラーの発生の仕組み。認知特性（起因）とＳＨＥＬ（誘因）の関係（1〜3章参照）
・ヒューマンエラー防止への対策方法、発生予防と早期発見（6〜9章参照）
・ヒューマンエラー予防の重要点……気づきと思い込み

▽技能教育（作業実践教育）

担当作業や業務で、ヒューマンエラーが発生しやすい箇所を理解させ、発生予防の行動を取れるようにします。

この教育は、日々の作業指示を行なうときに、個別的にＯＪＴ（On The Job Training：日常の業務の実施の中で行なう教育訓練）として行ないます。

・担当する機械の操作や作業の手順、および急所の理解
・エラー防止や早期発見のためのポイントの理解（9章参照）
　例：指差呼称やストップ・ルックの実施ポイントの把握
・新規担当作業に関しては、「エラーモード分析」などをさせ、事故発生のリスクを予測・把握させる（5章参照）

▽認識教育

この教育は、「ヒューマンエラーを発生させないぞ」という意識を、高い状態で維持するために、朝礼などの場を活用して行ないます。

・作業のルールを守ることの重要性の認識教育
・ヒューマンエラーの連鎖による製造不具合の発生の危険性の理解（「きっかけ展開法＝ＥＴＡ」での事故の理解：5章40項参照）

ヒューマンエラー防止のための担当者教育

ヒューマンエラー教育の3本柱

作業は部下（メンバー）を通して行なわれる

作業の質は、部下の能力(知識、技能、認識)に左右される。

したがって、リーダーの成果(ヒューマンエラーの防止)は、部下の育成にかかっている

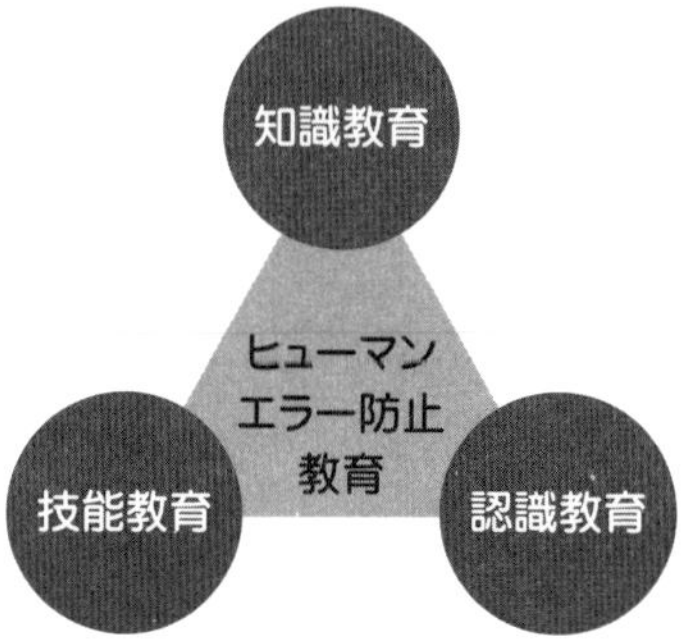

教え方の4段階法（TWI方式）

TWI:Training Within Industry

1 心がまえをさせる

- 気楽にさせ、緊張を解きほぐし、本人の理解度を確認する
- 作業の重要性などを話し、覚えたいという気持ちにさせる

2 内容を教示する

- 工程全体の中での、その作業の位置づけ、重要性を理解させる
- 作業手順書で1つずつ説明し、やってみせる
- 急所の根拠、理由を教え、やってみせ、やりながら繰り返し説明する
- 「作業のステップは何か？　急所は何か？」と聞いて、理解度を確認する

3 やらせてみる

- 動作をやらせてみる
- 動作をやらせながら、作業項目と急所を言わせ、急所を頭で整理させる
- 間違いがあったら、早期に修正し、悪い癖がつかないようにする
- 期待どおりにできたら、心から褒める

4 見守る

- 仕事につかせ、見守る
- 当初は初期不良が出やすいので、頻繁にチェックし、不良が出たらすぐに再指導する

COLUMN 4

思い込みは怖い

2011 年 3 月 11 日に発生した東日本大震災。巨大津波の直撃によって東京電力福島第一原子力発電所の全交流電源喪失と、原子炉の冷却不能による炉心溶融事故が起こりました。

この事故は、直接的には巨大津波が引き起こした自然災害との見方もありますが、津波に対する予測や評価が不十分だったとの見方もあり、人災的側面も否定できず、広い意味ではヒューマンエラーの一面も含まれていたといえるでしょう。

チェルノブイリ原子力発電所事故や、スリーマイル島原子力発電所事故を見るまでもなく、取り返しのつかない被害をもたらすのが原発事故。このような深刻な事故では、原子力発電装置の設計内容そのもののミスも指摘されますが（これも広い意味ではヒューマンエラーに含まれるといえるでしょう）、あわせて原子力装置の運転・操作面でのヒューマンエラーも発生していて、これに対する対策の重要性が指摘されています。

米国原子力発電運転協会（INPO）では、作業のミスを予防するために、「STAR」と呼ばれる、ヒューマンエラー防止のセルフチェックを提唱しています。「STAR」とは「Stop・Think・Act・Review」の頭文字です。

何かおかしいなと思ったら、操作スイッチを押すなどといった重要な動作を実施する前に、まず立ち止まります。「止まって、考えて、改善を図ったり、思い込みを排除してミスを防止する」ようにします。状況や条件を確認しないで、すぐ動作に移してしまうことは非常に危険だからです。

日本の原子力産業に関わる会社でも、これをもとに安全文化醸成のために、常に安全を最優先に考えるように教育し、「STAR」を奨励し、実際に行なった人の表彰を行なうなどの活動をしているそうです。

5章

ヒューマンエラーの分析手法

SECTION 33

対策のタイミングによる分析の方法

ヒューマンエラー分析の進め方

ヒューマンエラー防止対策で分析を進めるには、再発防止対策、予防対策のそれぞれに適した分析手法がある。

●分析の重要性

ヒューマンエラーの実像を深く理解するには、ヒューマンエラーの要因についての分析手法を理解することが役に立ちます。

ヒューマンエラーを的確に分析することにより、複雑なヒューマンエラーの発生要因を明確に把握でき、ヒューマンエラーの原因に対応した、確実な不具合対策の検討へと展開できます。

分析方法は、製造不具合の発生時点との関係で、二つのタイプがあります（34～40項参照）。

●事後分析とは

製造不具合が発生した後に、再発防止対策の展開のために、その発生原因を追究する分析です。

▽**なぜなぜ分析**……製造不具合に対し、「なぜ？」と問いかけ、出てきた原因に対して、その原因の発生は「なぜ？」と次々に追究し、真の原因まで突き止める分析手法です。

▽**要素分析（５Ｍ４Ｅ法）**……製造不具合が発生する原因を確実に把握するために、考えられる項目をもれなく網羅的にカバーして、関連する原因を分析する方法です。

▽**連鎖分析**……製造不具合は、あるときに突然発生することは稀です。不具合が出る前に、予兆的に複数の事象が発生しているものです。これらを時系列での関連で分析し、なぜ防げなかったのかを分析する手法です。

●予防分析とは

新規の作業や業務を行なう前に、ヒューマンエラーのリスクを見つけて対策を施し、その実施の信頼性を高めるために行なう分析です。

▽**エラーモード分析**……作業をステップに分解し、一つひとつの段階でエラーとその要因を追究する手法です。

▽**故障の木分析（ＦＴＡ）**……予測される不具合などを設定して、その原因の連鎖を追究する手法です。

▽**きっかけ展開法（ＥＴＡ）**……発生が予測されるある事象（きっかけとなる事象、原因）から、考えられる結果を連鎖的に追究する手法です。

ヒューマンエラー分析の進め方

ヒューマンエラー分析の実施手順

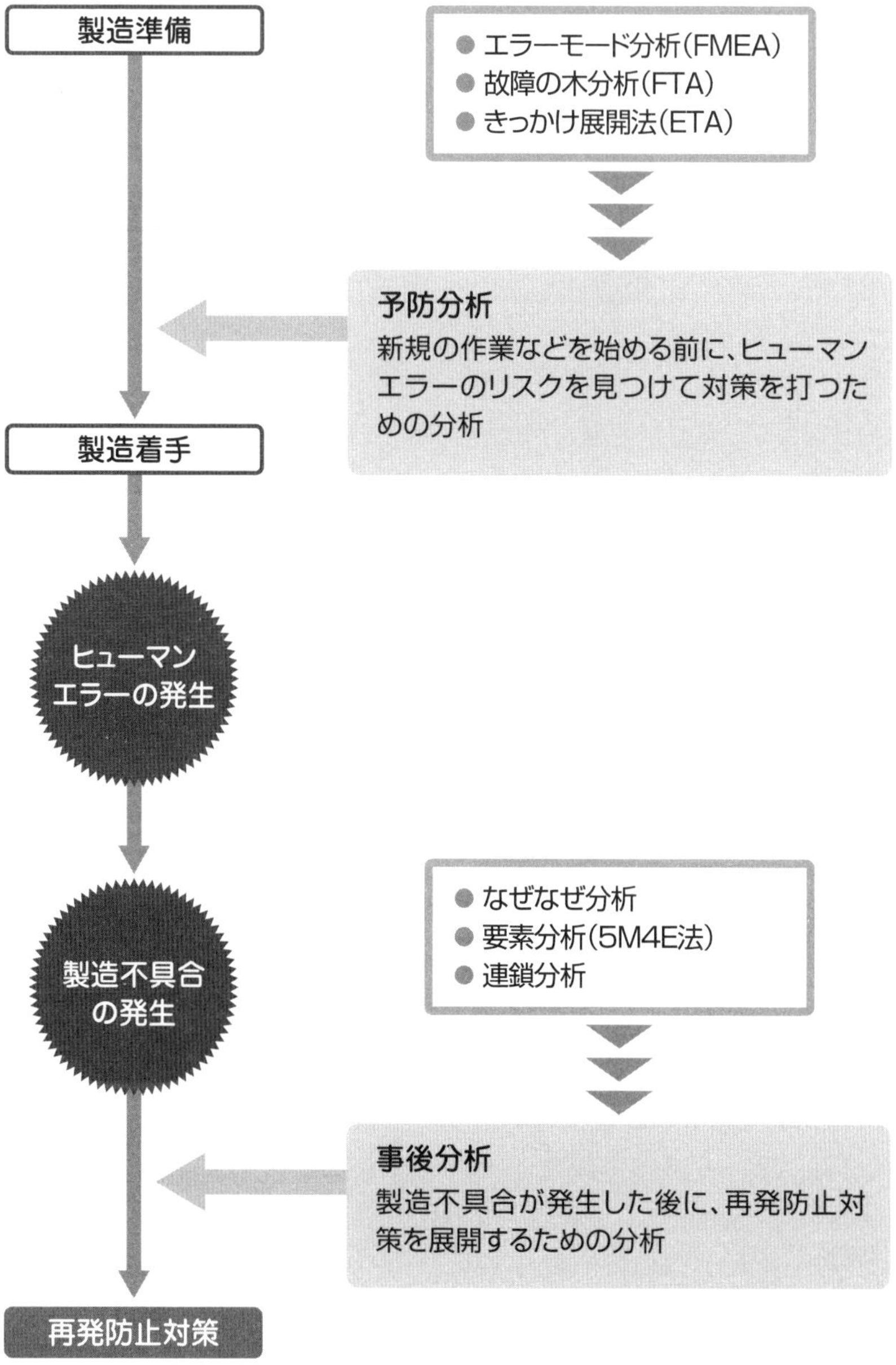

SECTION 34

真の原因をどのように把握するか？

「なぜなぜ分析」によるヒューマンエラーの原因追究

表面的な原因しか把握できないと、対策は処置レベルに終わってしまい、同様の不具合が再発する危険性が高い。

●対策は真の原因の把握が大切

ヒューマンエラーには、それを引き起こす「起因」や発生の「誘因」（ここでは区別せずに原因と呼びます）があります。

真の原因を把握して、その原因の排除を進めることが、ヒューマンエラー再発防止への出発点です。

製造不具合を起こす原因を、「これだっ！」と、とらえたつもりでも、実はその裏に、その原因を引き起こした原因がさらに潜んでいるケースが多いのです。

この真の原因を追究する方法が**「なぜなぜ分析」**です。

「なぜなぜ分析」はトヨタ生産方式において、品質改善のために生み出された方法です。一つの事象に対して、目安として「なぜ？」を5回くらい繰り返すと、経験的にほぼ真の原因にたどり着きます。

●「なぜなぜ分析」のポイント

▽**「なぜなぜ」は真の原因を追究する**……問題の原因を追究する際に、犯人探し的に個人に原因を求めても、真の解決にはつながりません。

原因追究では、仕事の仕組み、作業の手順や作業の環境などにスポットを当てます。

▽**原因が複数の場合**……一つの原因に対し、より深い原因が複数存在する場合もあります。これらをもれなくあげて、「なぜなぜ」もそれぞれで分岐させます（4章28項参照）。

▽**論理的につながっていること**……掘り下げた原因の系列は、論理的でなければなりません。このため掘り下げた深い原因から、「だから」で前の浅い原因につなげてみて、論理的に合っているかどうかを確認します。

［例］原因の掘り下げで「なぜ、2種類の部品を取り違えたのか？ ↓保管場所の照明が暗かったから」。これを「保管場所の照明が暗かった、だから2種類の部品を取り違えた」と表現してみると、上下の整合性を確認できる。

▽**二つの原因を区別する**……原因には**発生原因と流出原因**があります。これらの二つの原因はそれぞれ別の流れで、それぞれより深く原因を掘り下げます。

「なぜなぜ分析」の手法

「なぜなぜ分析」の例……「部品出庫ミス」のなぜなぜ分析

	なぜ?　なぜ?	対策
1	なぜ? 出庫時に部品を取り違えたのか? 原因→慌てて部品保管棚から取り出したから	落ち着いて、部品名を確認するように注意する（処置レベル）
2	なぜ? 慌てて取り出すと間違えるのか? 原因→類似した2種類の部品が区別しづらかったから	類似した部品は離して置く（処置レベル）
3	なぜ? 類似した2種類の部品が区別しづらかったのか? 原因→暗い常夜灯しか点灯しておらず、表示文字が見にくかった	表示の文字を大きくする（処置レベル）
4	なぜ? 常夜灯しか点灯していなかったのか? 原因→メインの照明を都度点けるのが面倒だったから	作業時はメインの照明を必ず点けるルールにする（処置レベル）
5	なぜ? メインの照明を点けるのが面倒だったのか? 原因→メイン照明のスイッチが部品庫の奥にあり、入口から遠かったため	メイン照明のスイッチを入口扉の脇に移設する（対策レベル）

SECTION 35 製造不具合の発生をたどる

「連鎖分析」によるヒューマンエラーの追究

製造不具合をその発生時点だけでとらえていては、的確な再発防止対策は取れない。事象をさかのぼることで再発防止のヒントが発見できる。

●製造不具合の発生には歴史がある

「NC旋盤での加工中に、直径をマイクロメーターで測定したが、読み取りミスで加工不良を起こした」

このようなエラーの場合、通常は、「マイクロメーターは目盛りが小さいから、見誤りやすい」ということがその原因といわれるでしょうが、それはエラーの引き金となった事象にすぎません。

「前夜遅くまでテレビを見ていて、目が疲れていた」「指示された仕事が多く、プレッシャーを感じていた」「主任から作業が遅れないように急がされていた」「急いでいたので、薄暗い機械の内部で測定した」など、担当者をミスに追い込んでしまう、多くの事象が背景にあります。

●不具合の発生と予防

製造不具合がたった一つの原因だけで、あるとき突然起こる、ということは稀です。

事象の一つひとつは軽微なものでも、それらが時系列的に直列のつながり（連鎖）を構成すると、不具合や事故に至るのです。

こうした事象の連鎖を**「エラーチェーン」**と呼びます。

これらの連鎖の中のいずれかの事象で、誰かがそれに気づいて的確な対策を取ることができれば、「チェーン」が切れ、製造不具合の発生を防止できます。

●「連鎖分析」の進め方

①製造不具合の引き金になったヒューマンエラー（起因）を明確にします。

②製造不具合につながるヒューマンエラーや、その発生の誘因を、本人や周囲の人、上司へのヒヤリングや現場観察などですべて洗い出します。

③洗い出したヒューマンエラーなどを発生順に並べ、楕円形内に一つずつ記入します。

このときには、ヒューマンエラーの内容と、それによって起きた結果を、5W1Hで具体的に記入します。

④各ヒューマンエラーごとに、対策案を検討します。対策案の検討は「5M4E法」で行なうと明快になります（36・37項参照）。

「連鎖分析」の進め方

製造不具合が生じたストーリーを時間の流れで追究する

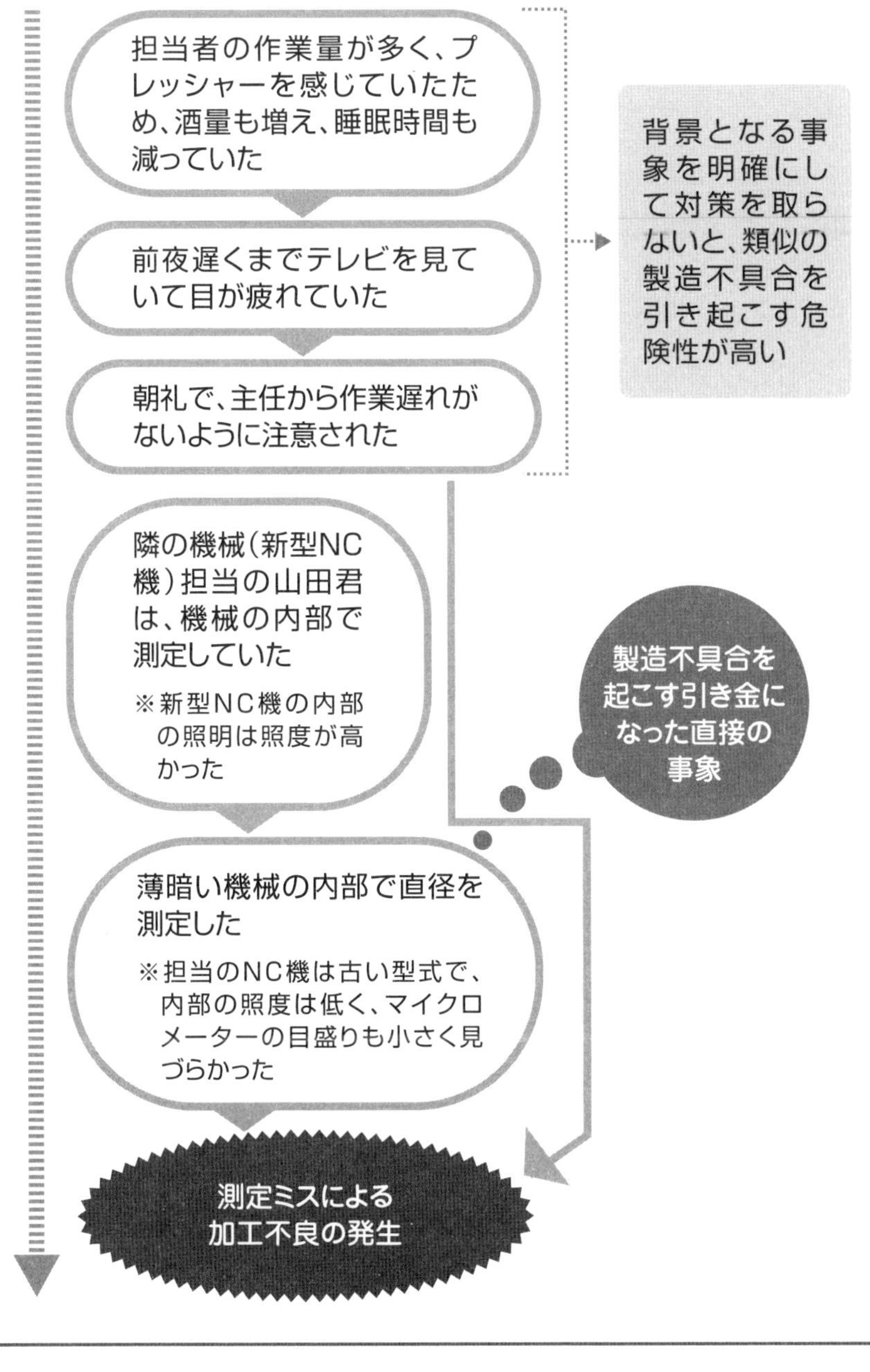
担当者の作業量が多く、プレッシャーを感じていたため、酒量も増え、睡眠時間も減っていた
前夜遅くまでテレビを見ていて目が疲れていた
朝礼で、主任から作業遅れがないように注意された
背景となる事象を明確にして対策を取らないと、類似の製造不具合を引き起こす危険性が高い
隣の機械（新型NC機）担当の山田君は、機械の内部で測定していた
※新型NC機の内部の照明は照度が高かった
製造不具合を起こす引き金になった直接の事象
薄暗い機械の内部で直径を測定した
※担当のNC機は古い型式で、内部の照度は低く、マイクロメーターの目盛りも小さく見づらかった
測定ミスによる加工不良の発生

SECTION 36

原因を５つの要素別に追究する

「要素分析(5M4E法)」によるヒューマンエラーの追究①

原因を５つの要素別（５M）に、対策を４つの方向（４E）で考えると対策ストーリーがシンプルになる。

製造不具合（ヒューマンエラー）を分析し、その発生の誘因を明確にすることは、ヒューマンエラー防止対策を進めるうえで不可欠です。

「５M４E法」では、発生の誘因を次の５Mの視点（要素）から具体的に検討します。

これにより抽出した誘因に対して、対策を４Eの視点で考える手法です。

●５Mの視点

製造不具合が発生する誘因として、次の５Mに関連するものがないか、検討します。

・**人（Man）**……身体的状況、技能や知識などの個人の能力、心理的・精神的状況、職場内の人間関係・チームワーク、上司・部下・同僚などとのコミュニケーションに問題がないか。

・**設備・機器（Machine）**……機械・治工具などの操作性の悪さや誤操作の出やすさ、保守点検の状況、部品の表示の仕方に問題がないか。

・**環境（Media）**……照明・温度・湿度の状況は適切か、騒音の影響度合、高所作業での安全柵などの整備状況や作業時の足場の確保・安全面に問題はないか。

・**方法・手順（Method）**……作業方法面のムリ・ムダ・ムラの状況、マニュアル、手順書の整備状況、作業応援体制の状況に問題はないか。

・**管理（Management）**……教育訓練方法の状況、現場リーダーの仕事の指示方法、作業負荷配分の状況に問題はないか。

●４Eの視点

抽出した誘因に対し、次のような視点から対策案を検討します。

・**教育・訓練（Education）**……知識教育、実技訓練、品質意識の高揚など。

・**技術・工学（Engineering）**……技術的な面からの対応策で、機器の改善・自動化、表示の明確化、警報の設置、多重安全化、使用治工具の変更、作業環境の整備など。

・**強化・徹底（Enforcement）**……基準・規則の明確化、手順の設定、標準化の整備、注意喚起、キャンペーンなど。

・**模範・事例（Example）**……模範やベストプラクティスの提示、事例紹介など。

「5M4E法」の進め方①

「5M4E法」の例

例:定時間際の出荷作業で出荷先を間違えた

		発生誘因(5M)				
		人 Man	設備・機器 Machine	環境 Media	方法・手順 Method	管理 Management
具体的要因		担当の山田さんが休暇のため、鈴木さんが応援で作業した。定時間際で慌てていて、出荷指示書の出荷先名を誤入力した	出荷入力画面は入力文字の表示が小さく見づらかった	出荷入力をする場所が下屋で、照明も少なく暗かった	入力チェック(確認)の手順がなかった	主任は出荷作業については職場に任せきりだった
対策(4E)	教育・訓練 Education	多能工化教育を計画的に行ない、応援者のレベルアップを図る	―	―	―	自己チェックの確実化を朝礼で訓示する。出荷ミスの重大性を認識させる
	技術・工学 Engineering	―	PCの画面の、表示文字のサイズを大きくするよう改善する	下屋の作業環境(照明)を見直す	―	―
	強化・徹底 Enforcement	―	―	―	当日の出荷予定リストを、出荷入力の都度消し込み、入力ミスを予防する	作業負荷状況により、残業指示などを早めに出す。応援が発生した日は、職場巡回をこまめに行なう
	模範・事例 Example	―	―	―	出荷手順を作成し、この中で入力チェックの手順も設定する	出荷作業におけるミス事例などを教える

SECTION 37

SHELモデル分析での理解

「要素分析（5M4E法）」によるヒューマンエラーの追究②

5M 4E法の推進は手順を追って進めることが大切。このときSHELモデル分析の考え方を取り入れよう。

●「5M4E法」の実施手順

①不具合発生実態の明確化……対象とする製造不具合に関連する事実の、現場での確認、当事者・関係者への発生時の状況のヒヤリングなどを進めます。

②要因の洗い出し……製造不具合やヒューマンエラーの背景にある要因を、5Mの視点から抽出します。

このとき、なぜ製造不具合やヒューマンエラーが発生したのかを、「なぜなぜ分析」で根本要因にたどり着くように、問いかけます。

③対策案の具体化……根本要因に対して4Eの視点から検討し、対策案を具体化します。対策案は、現場で実施可能な具体的な行動レベルまで明確にします。

④実施……緊急性、効果性などの視点で優先順位を決め、実行に移します。

●SHELモデルによる分析

5M4E法と似た分析手法に、**SHELモデル分析**があります。

ヒューマンエラー発生の様相をSHELモデルで多角的に理解すると、エラー対策の理解がより深まります。

SHELモデルでは、自分自身（Lo）を中心に置き、その周りを発生誘因であるS（ソフトウェア）・H（ハードウェア）・E（環境）・L（人）が取り囲んでいる相互関連を示しています。

自分自身（Lo）が、これらの間で相互に影響を与え合い（インターフェース）ながら、作業・業務を行なっている姿をモデル的に表わしています。

このインターフェースに相互のミスマッチ（不整合）があると、情報交換などがうまくいかなくなり、中心の自分自身においてエラーが発生しやすくなると説明されています。

●ミスマッチへの対応の仕方

SHELモデル分析から見たミスマッチへの対応の仕方の一つには、マッチングのために自分自身が設備や手順書に合うよう、訓練などを積極的に進める方法があります。

もう一つの対応の方法は、周りの設備や手順書を自分自身に合うように改善・見直しする、人間中心の管理を推進することです。

「5M4E法」の進め方②

SHELモデルによる分析

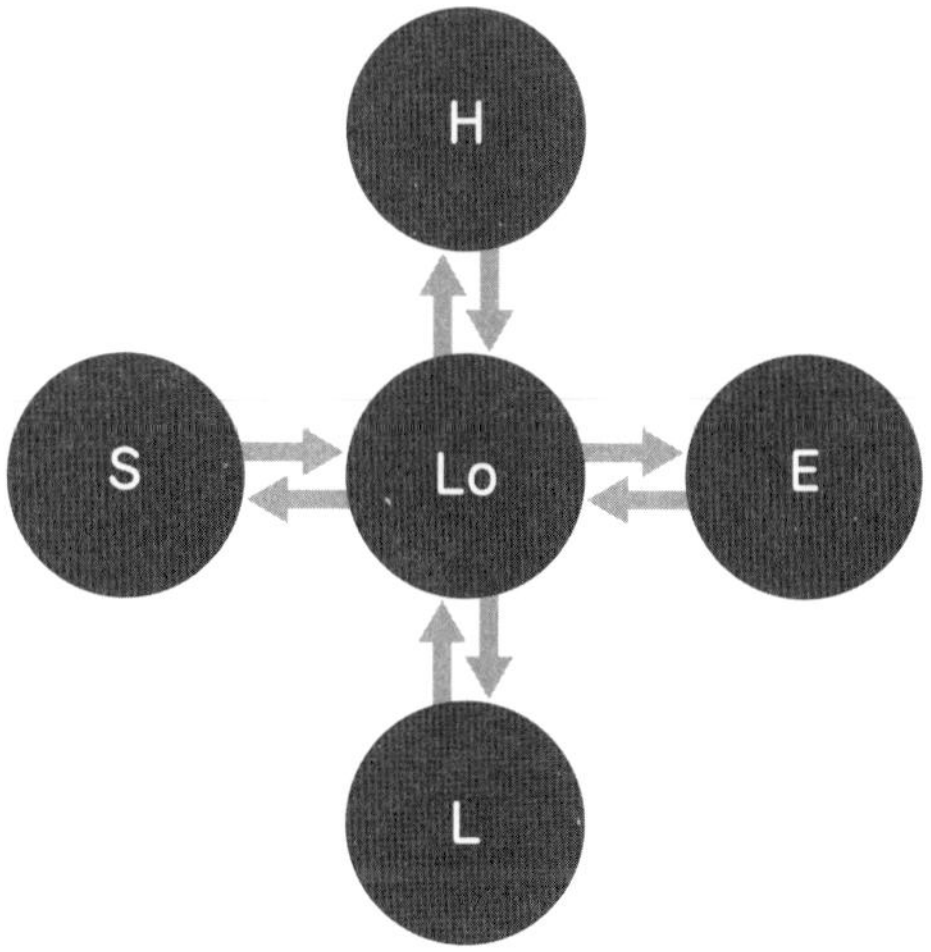

S　: Software（ソフトウェア：マニュアル、作業標準など）
H　: Hardware（ハードウェア：設備、装置、機械など）
E　: Environment（作業環境、周囲）
L　: Liveware（取り巻く人）
Lo : Liveware（自分自身）

このモデルは、1975年にKLM航空のFrank.H.Hawkinsが提唱した

中心にいる自分自身（Lo）と、外周のそれぞれのSHELの間のインターフェースに不整合があると、ヒューマンエラーが発生しやすくなる。

この対策には、次の2つの進め方がある。

- Loが、外（SHEL）との整合化のために努力、工夫をする
- 外（SHEL）が、Loとの整合化のために努力、工夫をする

SECTION 38

作業を分解し
エラーモードを見つける

「エラーモード分析」によるヒューマンエラーの追究

どんぶり的に作業全般を見ていても、ヒューマンエラー面の問題点は見えない。作業を分解して観察すると、問題点が見えてくる。

エラーモード分析（FMEA：故障モード影響解析）とは、事務や加工、組み立てなどの業務や作業の一連の流れを分解し、その動作ごとに発生が想定されるエラーを抽出して、そのエラーの原因を推定し、さらにそのエラーの影響度合を見極めて、対策案を立てるボトムアップ的な信頼性評価の手法です。

●「エラーモード分析」の進め方

①作業分解……問題の発生しそうな業務や作業を選定して、その一連の流れを細かく分解します（通常は、要素作業レベルにまで分解する。次ページ参照）。

②エラーモードと原因、影響の検討……各段階の作業や業務で想定されるエラーモード（エラーのタイプとか種類）を設定し、そのエラーモードの原因、影響を追究します。

③影響度の評価……各エラーモードがおよぼす、作業や業務での品質不具合や工数増大、稼働率などの影響度合を評価します。

評価は、影響の重大性、発生の頻度、発生の検知の難易度を点数化して、それらを掛け合わせたものを、影響度指数とする方法が多く使われています。

④エラー防止対策……エラー影響度指数の高い要素作業などについて、改善対策を進めます。

●エラーモードの例

エラーモードを的確に設定することが、効果的な改善対策につなげるために重要です。次のエラーモードは、組み立て作業での代表的な例です。

- **対象違い**……異なる部品の選択、計器の読み違い
- **忘れ**……部品の取り付け忘れ、操作忘れ
- **順序違い**……逆の順序
- **数量違い**……組み込み部品数が少ない
- **時期違い**……早すぎる材料投入、遅すぎる品質確認
- **時間違い**……長すぎる撹拌時間
- **回数違い**……締め付け回数が少ない
- **方向違い**……部品の逆向き取り付け
- **位置違い**……加工部位のミス
- **量的違い**……曲げ角度ミス、加工寸法ミス、締め付け力過大

「エラーモード分析：FMEA」とは？

FMEA:Failure Mode and Effect Analysis

「エラーモード分析」の例

No.	要素作業・プロセス	エラーモード	影響	原因	影響内容 重大性	影響内容 頻度	影響内容 検知性	影響評価点	改善対策
1	治具を取る	選択違い	ワーク落下	治具の種類が多い。似た形状が多い	4	1	4	16	
2	ワークをセットする	基準面に当たっていない	寸法誤差発生	基準面に切粉付着。しっかり押しつけていない	4	3	2	24	
3	ワークのアンクランプボタンを押す	押し忘れ	ワーク固定治具破損	うっかり忘れ：ラプス	3	2	3	18	
1		選び間違い	ワーク固定治具破損	ボタンの数が多い	3	3	4	36	

要素作業とは

作業の分割は、用途に応じて一番大きな単位の「工程」から、一番小さな「動素」まで下図のように分割する。

エラーモード分析では、通常は「要素作業」の大きさで分割する。

作業の区分

工程	単位作業	要素作業	動作	動素
切断	**チャッキング**	現品を取る	**工具を取る** →	**手を伸ばす**
運搬	外径旋削	**チャックを開く** →	工具をセットする	つかむ
旋削 →	穴ぐり	現品を当てる	ボルトを回す	運ぶ
フライス	端面削り	チャックを締める		
組み立て				

SECTION 39 不具合の要因を「見える化」する

「故障の木分析」によるヒューマンエラーの追究

製造不具合を引き起こす発生誘因を洗いざらい摘出して不具合の構造を「見える化」すると、対策のきっかけを得やすい。

故障の木分析（ＦＴＡ：Fault Tree Analysis）とは、ある作業や業務を行なうときに生じる製造不具合（トップ事象）を設定し、そこで予測される不具合要因の関係をツリー状に表わし、発生確率の大きな不具合要因を特定して改善を進める、トップダウン的な信頼性評価の手法です。

●「故障の木分析」の進め方

①トップ事象（製造不具合）の選定……トップ事象としては、製品や作業の不具合、設備の故障などがあります。

②要因の深掘り、追究……トップ事象を発生させる可能性のある直接の要因（一次要因。通常、複数見出される）を見つけ、さらにその要因を発生させる下位の要因を追究し、列挙していきます。

③上下の要因を関連づける……上位要因に対する下位要因群の関係には、**AND**（下位の要因のすべてが発生したときに、上位要因が発生する関係）と**OR**（下位要因のうち、少なくても一つが発生したときに、上位要因が発生する関係）などがあります。

これらのどの関係なのかを、樹形図（ツリー図）上でわかるようにします。

④重要要因を決める……最下位の要因群の発生確率を「非常に高い」「高い」「中くらい」「低い」などのレベルで分析し、トップ事象にどの程度の影響を与えるかを推測します（これは定性的なアプローチです。厳密に評価するには、各要因の発生確率を設定して決める、定量的方法もあります。次ページ参照）。

⑤改善対策を検討する……トップ事象への影響面で重要な要因から、優先的に改善対策を検討します。

●「故障の木分析」の効果

故障の木分析はビジュアルなツリー図を活用することにより、原因を掘り下げやすく、真の原因に近づきやすいという特徴がありますが、一方、最初に設定したトップ事象以外（想定外）の不具合はまったく考察されないという弱みがあります。

したがって、ボトムアップ的な「エラーモード分析」などと組み合わせて活用することが大切です。

「故障の木分析：ＦＴＡ」とは？

「故障の木分析」の例

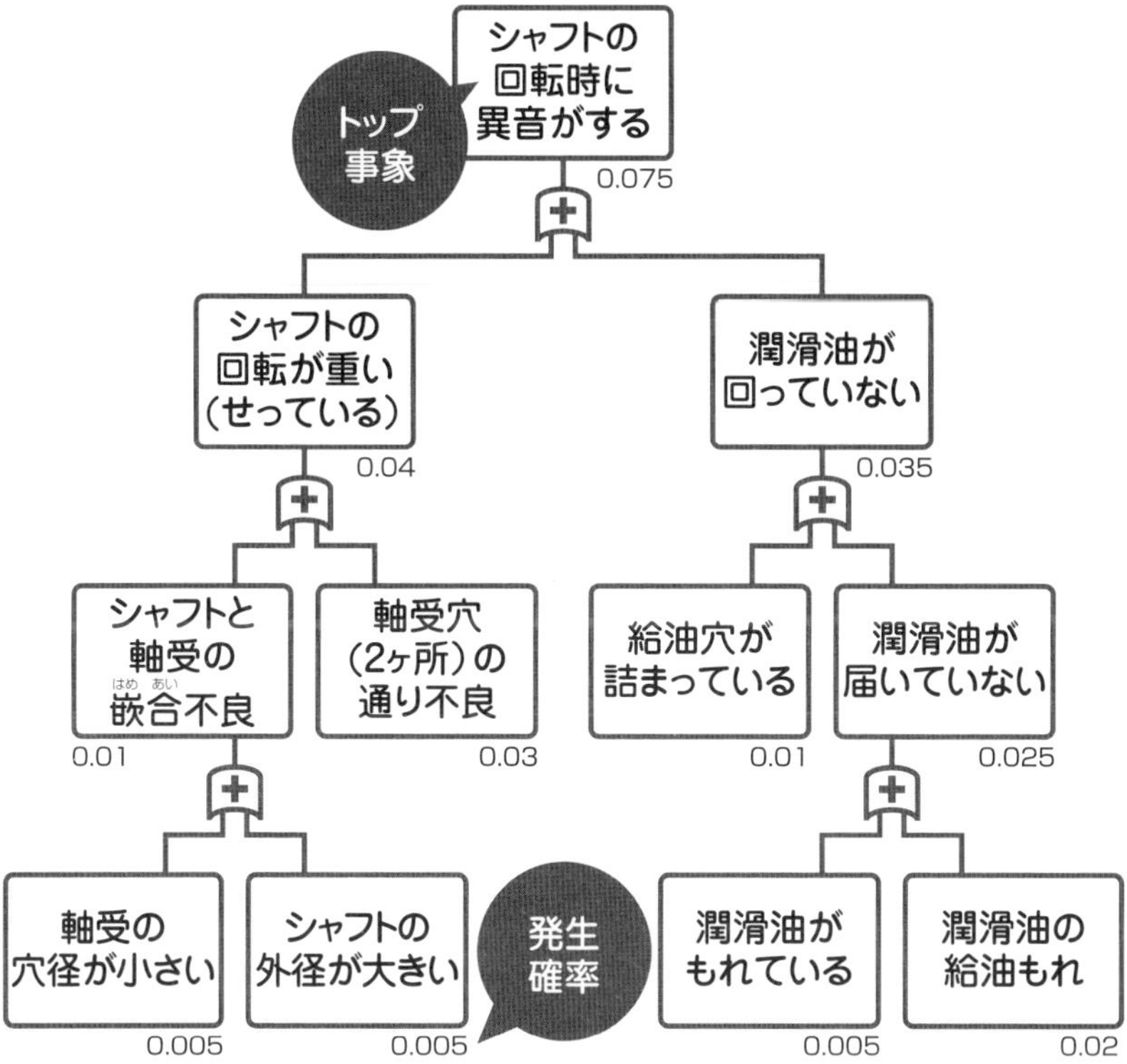

「故障の木分析」に使用する記号

作業の区分		
	事象	基本事象の組み合わせで発生する事象
	基本事象	これ以上展開できない基本的事象
	ANDゲート	すべての下位事象が生じたときに上位事象が生じる関係
	ORゲート	下位事象の少なくても1つが生じたときに上位事象が生じる関係

SECTION 40

想定される問題点・不具合を洗い出す

「きっかけ展開法」によるヒューマンエラーの追究

「悪さ」が「悪さ」を呼ぶ。あるミスや失敗などをスタートに、そこから生じるであろう問題点・悪さを洗いざらい摘出して、問題の構造を「見える化」する。

きっかけ展開法（ETA：Event Tree Analysis）は、まず製造不具合に発展する危険性のある、発端となるヒューマンエラー（**きっかけ事象**という）を想定します。

きっかけ展開法は、そこから次々に生じる可能性のある「悪さ（結果）」の連鎖を樹形図を用いて表わし、原因と結果の因果関係を見える化したものです。

したがって、「製造不具合はどのように引き起こされるのか?」を解き明かす技法です。

●「**きっかけ展開法**」**の進め方**

①**きっかけ事象の選定**……該当する作業や業務を行なう際に生じる、製造不具合に発展しやすいヒューマンエラーや発生の誘因（きっかけ事象）を選定します。

他の作業でもよく起こす問題（例：測定装置の判定値の設定ミス等）、今回の作業の4M（人・設備・材料・方法）の変更点（例：新設NC機の投入等）などを選定します。

②**連鎖する結果の洗い出し**……きっかけ事象が引き起こす悪い結果、そしてそれがさらに引き起こす悪い結果を列挙し、樹形図で原因→結果の関連づけをします。

しかし悪い結果を列挙する場合、心配しすぎて最悪の場合まであげてしまうと、検討の範囲がむやみに広がってしまうので、発生確率の低いケースは外すようにします。

きっかけ事象とそれに続く悪い結果の発生確率を想定すれば、最終的な製造不具合の発生確率を、これに連なる各事象の確率の積として定量的に推定することもできます。

③**改善の推進**……製造不具合では、「風が吹けば桶屋が儲かる」のたとえのように、ある原因（事象）がある結果（事象）を生むという連鎖が発生しています。

製造不具合を予防するには、これらの連鎖のいずれかの段階で、連鎖を断ち切ればいいのです。

そこで連鎖の各段階で、「なぜなぜ分析」や「5M4E法」を用いて対策案の検討を行なようにします（34・36・37項参照）。

「きっかけ展開法：ＥＴＡ」の進め方

「きっかけ展開法」の例

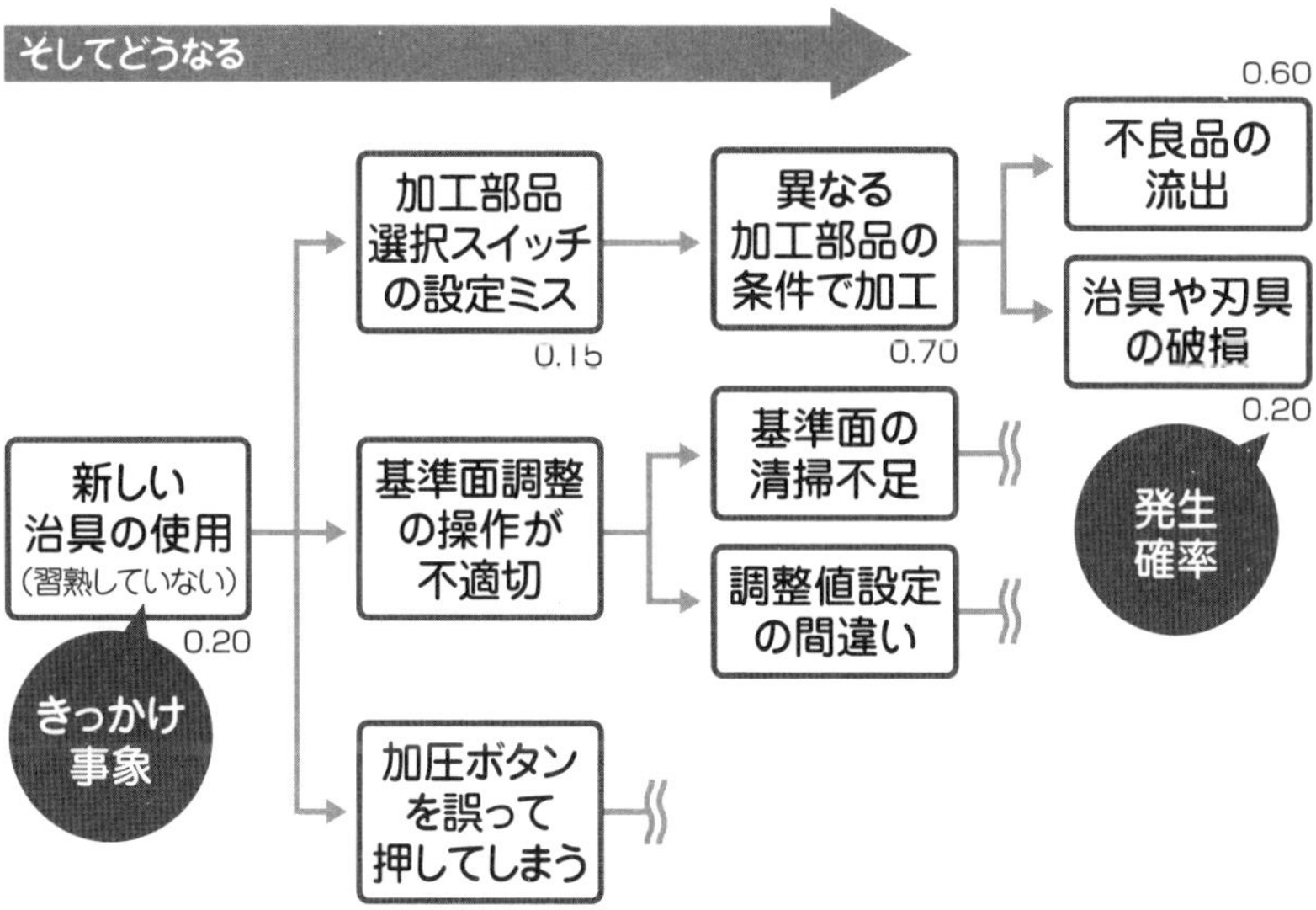

※各段階の発生確率を想定すれば、最終的な製造不具合の発生確率を想定できる

例：不良品の流出確率（加工品目数に対して）

=0.20× 0.15× 0.70× 0.60×100 = 1.3%

連鎖を断ち切って製造不具合を予防する

いずれかの段階で因果関係を断ち切ることができれば、製造不具合には至らない。

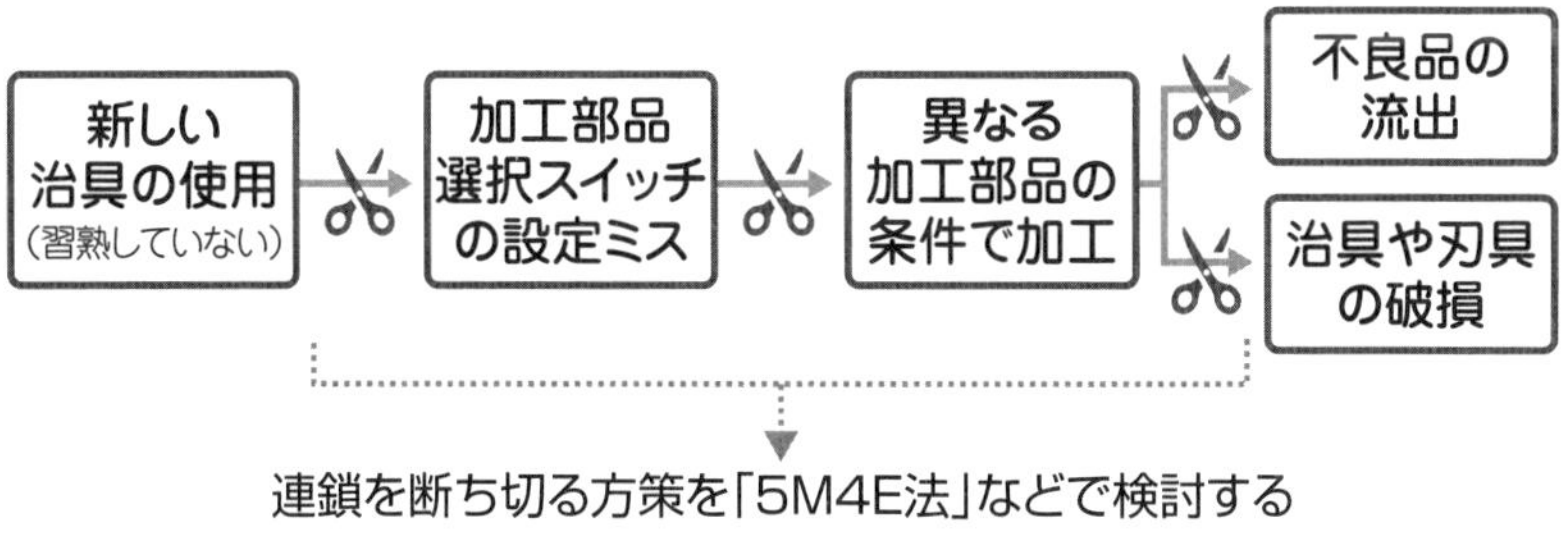

COLUMN 5

ヒューマンエラーと段取り

仕事では「ミスをしない」という思いや覚悟で取り組むことが大切です。そのためには仕事の準備段階（段取り）から、ミスを発生させないように準備をすることが必要です。

「段取り」という言葉は、もともとは江戸時代に歌舞伎の世界で、芝居の筋の展開や組み立ての仕方を指していたそうですが、今ではもっと広く、様々な分野でものごとを行なう順序や手順、準備のことを指す言葉として使われています。

昔から職人さんの世界では、仕事は「段取り八分」といわれてきました。段取りをキチンとやれば、仕事の出来映え（品質）や納期は80%確実になったようなもの、という意味で使われていたようです。

この中にはヒューマンエラーを予防する項目も含まれていると思われます。作業ミスを生じないためには（ヒューマンエラーを予防するために）、適切な道具類や材料の取り揃え、配置、準備（刃物の事前研磨など）、作業域の清掃、今回の作業には使用しない道具類や材料の撤去などを段取り項目として行なうことが必要です。

このような仕事の計画・準備段階（PDCAのP）がすなわち段取りであり、段取りの役割は「いい作業」を演出することにあります。

段取りが確実にできていないと、QCD（品質・コスト・納期）の問題以外に、次のような問題が生じます。

・泥縄式で作業をすることにより、手順の検討、モノの用意などが不十分になり、ミス・モレ・ムダが多く、作業効率が低下する
・本作業に入ってから準備の不備が露見して、気持ちにゆとりがなくなり、全体を見た作業や、先を見た作業の進め方ができない

6章

ヒューマンエラー発生防止への道①

モノ・作業方法の改善策

SECTION 41 発生防止対策に第一に取り組む

発生防止対策の類型とエラー

ヒューマンエラー発生防止の検討はSHELモデルの各要素に対して行なうのが効果的。

ヒューマンエラー防止対策には、「発生防止対策」と「早期発見対策」がありますが、まずヒューマンエラーの起因や誘因によるミス発生の原因を未然に排除する「発生防止」に注力することが大切です。

●発生防止対策の検討

ヒューマンエラーによる製造不具合の発生を防止するには、SHEL（5章37項参照）に沿って検討するのが効果的です（詳細は6～8章参照）。

▽Lo：自分自身への対策

・**KYT（危険予知訓練）の推進**……ヒューマンエラーという危険に対する感性を高めます。

・**教育訓練・多能工化訓練の推進**……計画的に技能の習熟度を高めます。

▽S：ソフトウェア面での対応

・**マニュアル化**……作業のやり方を標準化し、ミスの発生を予防します。

・**見える化の推進**……設備、作業管理に関するPDCAを見える化して、管理を充実させます。

・**作業改善**……製造不具合防止のために、正速安安楽楽（正しく、速く、安心して、安全に、楽に、楽しく）に作業ができるようにします。

▽H：ハードウェア面での対応

・**ポカヨケの工夫**……ミスの流出を100％防止する工夫をします。

・**使いやすい機械・治工具**……視認性、操作性などの面で使いやすい機械、治工具はミスを予防します。

▽E：環境面での対応

・**5Sの導入・整備**……モノの整備を進め、取り扱いミスを低減します。

・**作業環境の整備**……照明などの条件を改善し、認知ミスを低減します。

▽L：取り巻く人々への対応

・**ヒヤリ・ハット情報の活用**……潜在的なミス情報を共有化し、ミス予防に関するマインドを高めます。

・**コミュニケーションの向上**……チームワークを高めて、協力してミス防止を進めるようにします。

・**健康管理、疲労対策**……監督者の任務として、仕事の質に影響する部下の心身の状態を管理します。

ヒューマンエラーの発生防止対策

製造不具合の発生防止の流れ

認知特性による
ヒューマンエラー
の「起因」の把握

環境などによる
ヒューマンエラー
の「誘因」の把握

↓

モノ・作業面での発生防止対策

よい作業のためのインフラづくり

▼

モノの面のインフラを「5S改善」で確立

作業改善

設備・道具の改善

狙い（目的）

- 疲労の防止
- やりづらい動作の改善
- 作業の迷い・躊躇・不安の排除
- 誤りやすい操作の改善
- 集中しやすい環境の確保
- ムダなく速くできる作業の実現

↓

製造不具合の発生防止

SECTION 42

5Sはモノの整備の基礎づくり

5Sで製造作業の基礎づくりを進める

製造現場では「すべては5Sから始まる」。生産の基礎であるとともにヒューマンエラー防止対策の基礎である。

●5Sの効果

5Sはモノの面から見た製造作業の基礎であり、モノの整備により、以下に述べるように、最終的にコストダウンに貢献します。

そしてモノの状態の整備が、そこで働く人々の疲労・ストレスなどの軽減、作業のやりやすさの向上などにつながり、人間特性によるヒューマンエラーの発生防止や、製造不具合に発展する誘因の改善に役立ちます。

しかし5Sと製造不具合の関連を、定量的にとらえることはむずかしく、5Sの効果はヒューマンエラー等も含め、モノづくりのインフラ（基盤）と位置づけておくといいでしょう。

●5Sでまず4Mの質を上げる

5Sはモノづくりの元である4M（人・設備・材料・方法）の質を次のように高めます。

▽**人**……モノを大切に扱い、ルールを守る心の向上、改善マインドの向上

▽**設備**……「清掃は点検なり」で、設備の清掃により、予防保全の向上や設備性能の維持・向上ができる

▽**材料**……現品の品質劣化の防止、過剰在庫の削減や欠品の防止により材料の品質や適正量の維持・向上ができる

▽**方法**……モノの取扱性向上や、歩行の削減、作業域のレイアウトの見直しにより作業性の向上ができる

●PQCDの向上・コストダウンへ

4Mの質が向上すると、PQCDが次のように向上します。

▽**生産性**……ムダな作業時間や手待ち時間の削減により、正味作業時間比率の増大、ひいては稼働率の向上により、生産性が向上する

▽**品質**……異品混入や不安品混入の予防などにより、工程内品質が向上する

▽**コスト**……在庫圧縮により運転資金、設備故障の低減により保全費用など、コストの削減ができる

▽**納期**……現品管理の改善で進捗管理も効果的にでき、納期遅れが低減する

PQCDの改善で、原価要素である労務費、材料費、経費が削減され、コストダウンが実現します。

5Sはモノの整備の基礎づくり

5Sの定義

整理(Seiri)	いるモノといらないモノに分け、いらないモノを処分すること
整頓(Seiton)	いるモノを所定の場所に、きちんと表示をして置くこと
清掃(Seisou)	身の回りのモノや職場の中をゴミ・汚れのない状態にすること
清潔(Seiketsu)	いつ誰が見ても、誰が使っても快適なようにきれいにしておくこと
躾(Sitsuke)	職場のルールや規律を守り、上の4Sの努力を継続していくこと

5Sからコストダウンへのステップ

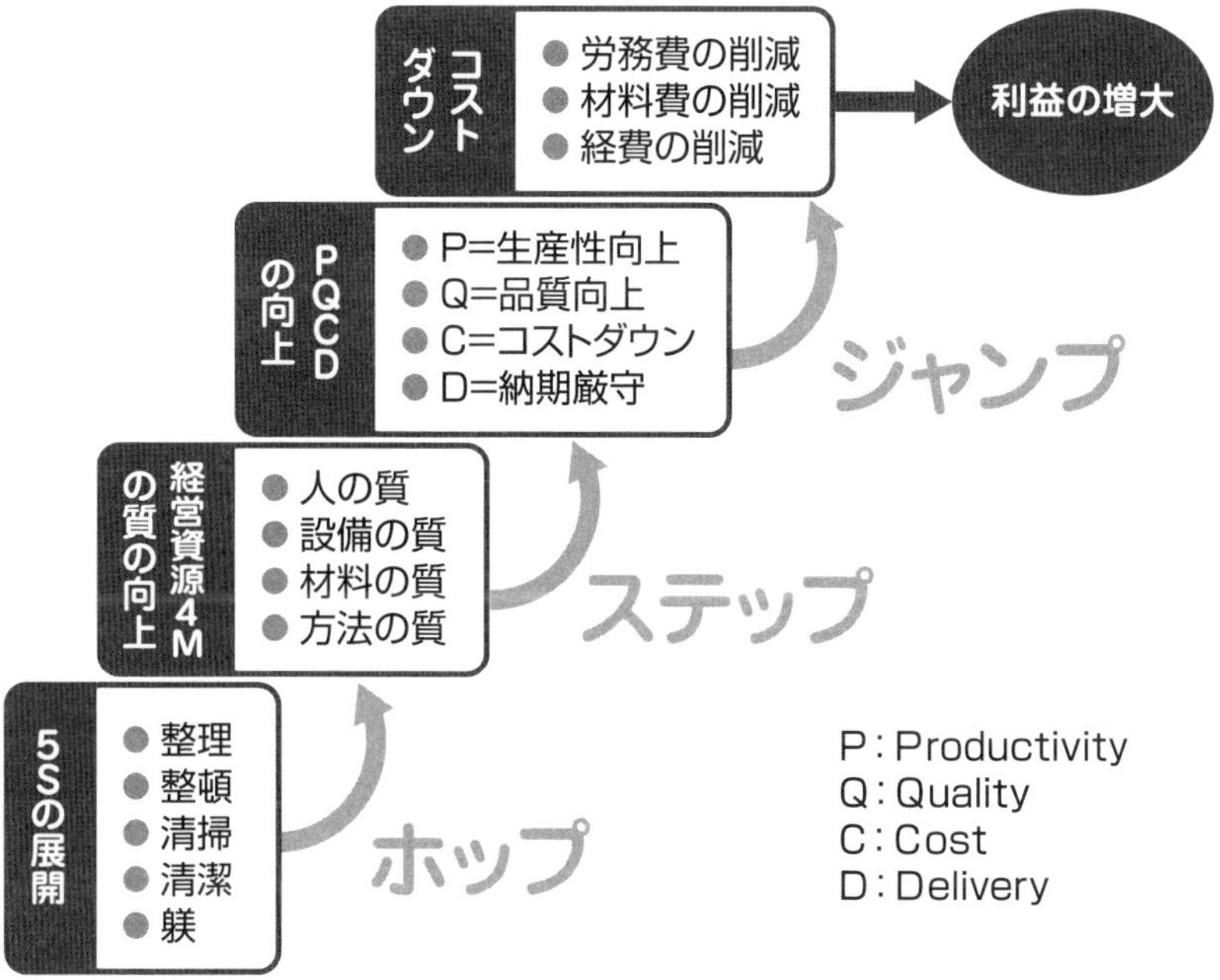

P：Productivity
Q：Quality
C：Cost
D：Delivery

SECTION 43

不要品は作業面の「悪さ」を誘発する

5S：「整理」の推進ポイント

余剰品、廃番品、不明品などの不要品が職場に充満していると各種のムダを生み、ヒューマンエラーの要因となる。

●「整理」をまず優先させる

整理は、5Sの中でもすべての活動に優先して、全社的に大々的に展開するといいでしょう。

整理が不十分で作業域に不要なモノがあふれていると、次のようなムダや問題が発生します。

・不要な動作、必要以上の動作距離を伴った動作が発生する
・作業域にモノがあふれ、それらを避けるために余分な歩行や運搬が発生する
・必要なモノが不要なモノの下に隠れ、探すのに余分な時間がかかる
・整理不十分な状況で整頓をすると、いらないモノにまで表示をしなければならないムダが出る
・清掃のときには、不要品を避けたり、動かしたりしなければならない、というムダが生じる

●「整理」の進め方のポイント

・「捨てるリスク」より「温存するムダ」のほうが大きいことを認識して進める（必要なモノを廃棄してしまう損失は1回だけ。もちろん、これを減らす工夫は必要だが、不要なモノを温存することによって発生するムダは毎回・毎日の動作で発生する）
・短期間に全社・全員で一斉に行なう
・整理の基準を明確にする
・迅速に思い切って処分する
・定期的に整理運動を行なう
・不要品が出た原因を追究し、再発防止を進める

●整理基準の種類とつくり方

次のような整理基準を設定することによって、整理を効率的に進めることができます。

①**不要品基準**……いらないモノ（使えないモノ、使っていないモノ、必要以上にあるモノ）の基準です。基準は対象品ごとに「未使用期間」で示し、この期間以上のモノを不要品と判断します。対象品ごとに処分の決定者も決めておきます。

②**手持ち基準**……いるモノを主体にしたガイドです。作業や工程ごとに必要にして十分な「工具や測定具・治具、副資材」などを洗い出して、これ以上のモノは持たないと決める基準です。

5S：「整理」の推進の仕方

不要品基準と手持ち基準の例

不要品基準

対象品	不要品基準（未使用期間：月）	処分判定者	
		一次判定者	二次判定者
材料	6ヶ月	係長	課長
工具（汎用）	3ヶ月	班長	係長
金型	12ヶ月	課長	部長

手持ち基準（個人手持ち）

No	品名	規格	数量
1	レンチ	8,10,12	各1
2	スパナ	12×14	1
3	ドライバー	プラス	1

「整理」の推進手順

❶ 整理基準設定などの準備
❷ 不要品の摘出
❸ 不要品のさらし
（不要品発生の反省と、不要品の転用のために一定期間さらす）
❹ 不要品の判定（廃棄・転用・売却・保存などを決める）
❺ 不要品の処分
❻ 不要品の発生原因の追究と再発防止対策

SECTION 44

整頓は効率を生み、ミス防止につながる

5S：「整頓」の推進ポイント

「整頓」によって探すムダ、移動のムダ、動作のムダなどを排除すると、疲労防止、集中力の維持などにつながり、ヒューマンエラーを防ぐことができる。

●「整頓」の目的

・モノの「位置の管理」「量の管理」「流れと状態の管理」を的確にできるようにする
・探す時間のムダをなくす
・モノの過大在庫・欠品在庫を防止する
・仕掛品の停滞を短縮する

これらの目的を達成するために、整頓のポイントとして次の点が大切です。

・誰でも使いたいときにすぐ取り出せ、すぐ使える
・使い終わったら戻しやすい
・場所が全部指定席になっていて、いらないモノの置き場がない
・作業性（使用頻度、作業順や移動経路など）を考慮した置き場を工夫する
・細かく分類し、識別しやすい表示（色、大きさなど）を徹底する

このような工夫が、材料・部品・仕掛品・製品や工具、治工具などを扱う際のヒューマンエラーや製造不具合の誘因の削減に役立ちます。

●「整頓」の3要素

整頓の推進では、次の3要素を満たすことが大切です。

①置き場……所定の場所が決まっていて、必要なものが誰にでもすぐわかる
②置き方……平行・直角にきちんと置かれていて、すぐに取り出せる
③表示……適切な表示があり、すぐ見つけられる

●表示のスリーポイント

表示は次の三つが揃って完成です。

①場所表示……棚などの収納具や置き場の用途の表示（大分類）
例：［治具棚］［仕掛品置き場］
②位置表示……各置き場に置くモノの、個別の置き位置を示す表示（小分類）
例：［No.1234］［A型クリップ］
③品目表示……各置き位置に置くモノに表示する名称・型番など
例：ペンキなどで金型に書いた名称

表示のスリーポイントを**姿置き方式**（モノの形を保管場所に描いておく）で実施することにより、モノの選択時におけるミスを軽減できます。

表示は極力、姿置き方式で見える化を図るのがよいでしょう。

5S：「整頓」の推進の仕方

表示の充実

表示のスリーポイント

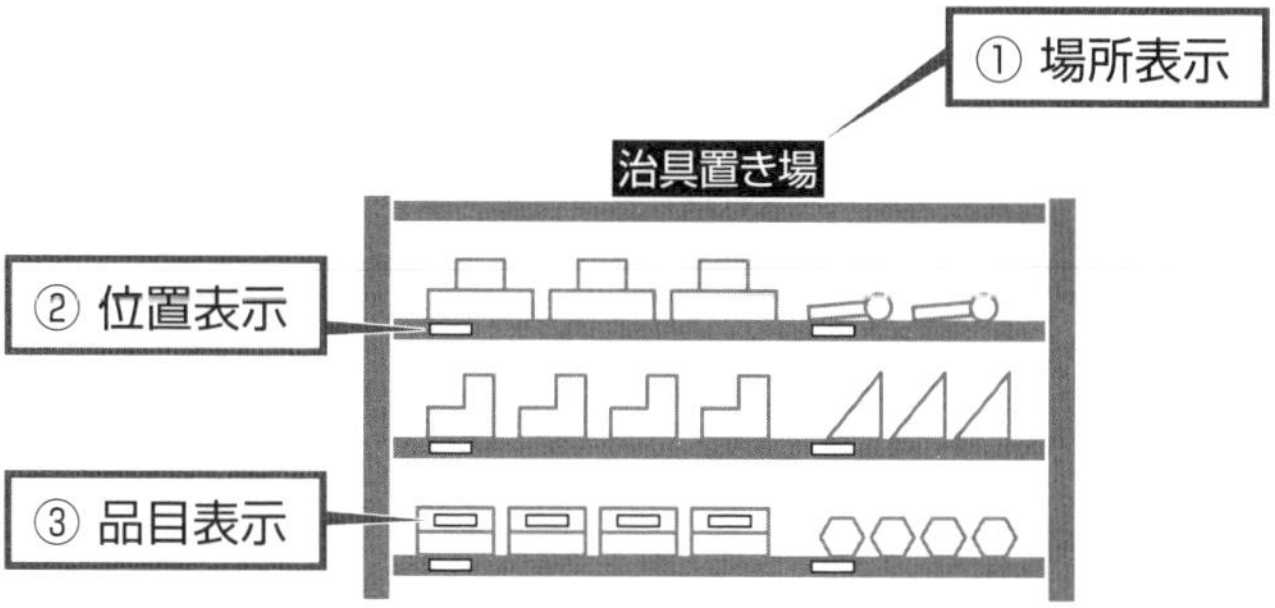

作業中の異状品の識別管理

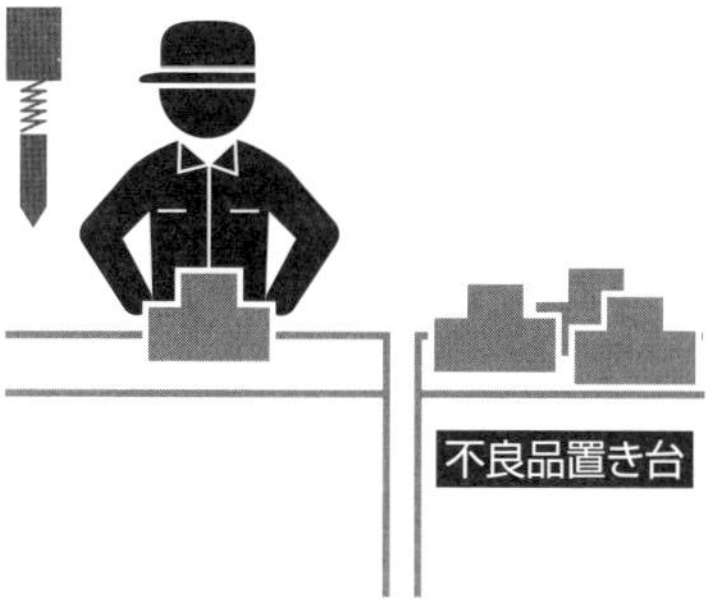

配膳トレーによる定数管理

組み付けに必要な部品が所定数収納できる

検査後の異状品の識別管理

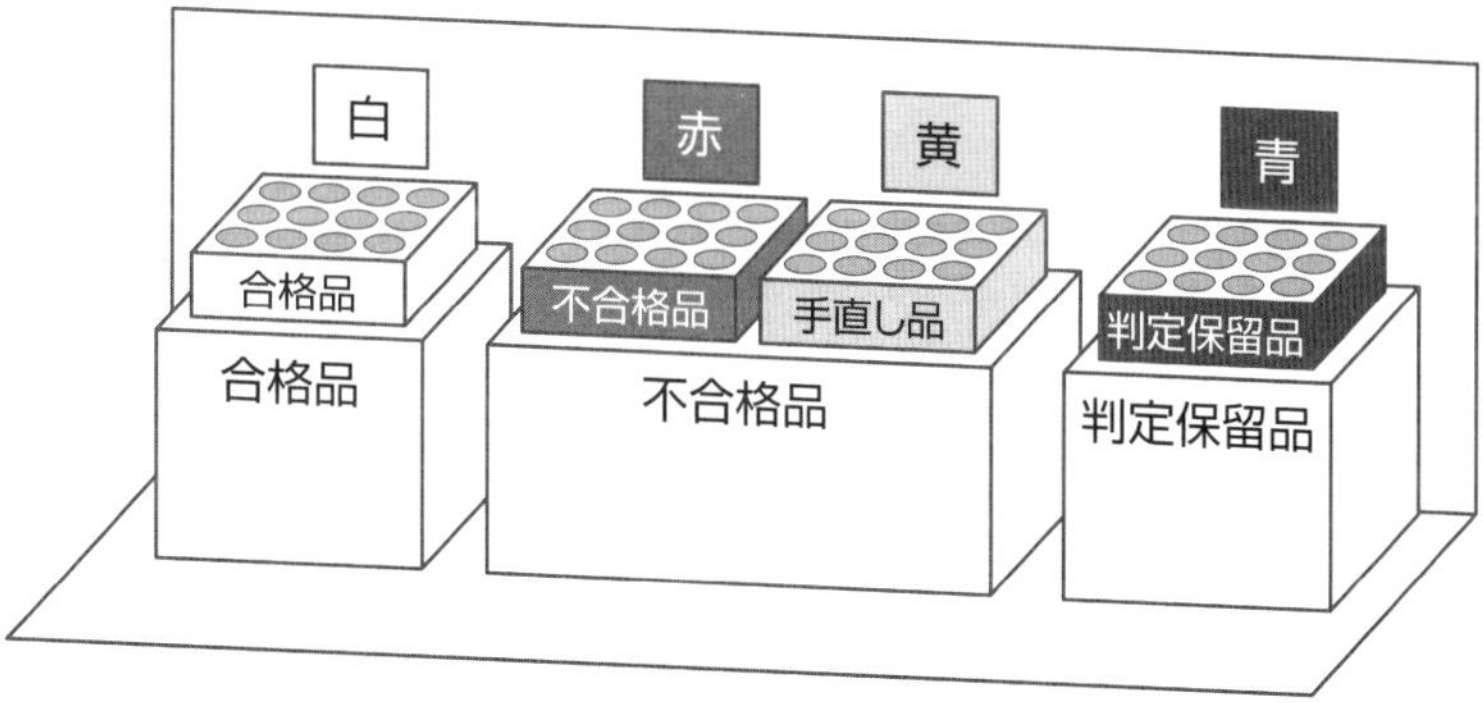

SECTION 45

快適な職場は安心・安全につながる

5S：「清掃」の推進ポイント

「清掃」の役割は単なる掃除ではない。職場空間をきれいにするだけでなく、仕事の内容もきれいにし、ヒューマンエラーを防ぐ。

●「清掃」の狙い・目的

・快適で精神的にも居心地のいい作業環境をつくる
・作業域の床や通路をモノの散乱状態や、滑りやすさなどがない状態にして、安心して作業ができるようにし、また移動や運搬作業などの際の安全を確保する
・作業時に触れる機械のレバーや工具・部品などを油汚れなどがない状態にし、動作ミスを防ぐ
・「清掃は点検なり」。機械や装置に近づき、「見る、触れる、開く」という清掃動作を通して、早め早めに機械などの不調や異常（異常な発熱、異音、振動。またボルトやビス、部品などのゆるみ・脱落など）の予兆に気づくことができる
・そして早めの設備修復につなげることで、設備に起因する製造不具合を防止できる
・5Sの狙いでもある、快適で安全で誇れる職場を、自分たちで守り、実現することができる

ヒューマンエラーの防止の視点からは、「安全は安心をつくり、安心はミスの発生を防ぐ」という連鎖を認識することで、作業のヒューマンエラーや製造不具合の誘因の削減に役立ちます。

「5Sができている製造現場なら、製品は信頼でき、安心して取引できる」との信頼感を生み、当社のファンが増大し、将来的な受注安定にもつながります。

しかしながら、清掃は余分な仕事、できれば避けたいという気持ちになりがちです。

そこで、清掃は大切な仕事の一部であるという意識を持つように働きかけ、全員で分担して、決められた清掃時間内で効率よく行なうようにします。

●「清掃」のポイント

清掃のルールを明確にして、全員で分担（いつ、誰が、どこを、どのような方法や時間で清掃するか）して清掃を行なうようにします。そのポイントは、

・短時間でこまめに清掃する
・汚れたから清掃するのではなく、汚れないように、汚れの発生源をなくす、汚染源対策を行なうようにする

5S：「清掃」の推進の仕方

清掃分担表の例

No	曜日	清掃場所	担当者	頻度	所要時間	開始時間	清掃用具方法
1	月曜	○○の床	山崎	1/週	10分	17:00	モップ

汚染源対策表の例

職場		NC班	NC班	
汚れ発生箇所		3号機より油もれ	2号機より切粉の飛散	
汚れ内容	切削油			
	作動油	✓		
	切粉		✓	
	ホコリ			
	ゴミ			
	雨水			
	その他			
汚れ原因		……	……	
改善内容		……	……	
改善担当		山田	田中	
改善期限		10/30	11/20	
完了確認				

SECTION 46

動作の効率的なやり方の指針「動作経済の原則」

動作経済の原則①

楽な動作、ムダのない動作、疲れない動作がヒューマンエラーを防止する。「動作経済の原則」は動作改善のヒントの宝庫。

●作業を「正速安安楽楽」に

製造不具合の原因であるヒューマンエラーを減少させるには、作業を「正速安安楽楽（正しく、速く、安心して、安全に、楽に、楽しく）」に行なえるようにすることが大切です。

そのために作業方法の改善や、作業環境の見直しや整備を、次のような点に狙いを定めて進めます。

・疲労（肉体、目、耳などの身体的な疲労とメンタル面の疲労）の防止
・やりづらい動作の改善
・迷い、躊躇、不安のある動作の排除
・対象を認識しづらい操作盤、操作レバー、ボタンなどの改善
・作業に集中しやすい環境の確保
・ムダな動作の排除
・速くできる作業方法の追求

●「動作経済の原則」とは

このような狙いを展開するときに役に立つ、作業改善の見方が**「動作経済の原則」**です。

この原則はＩＥ（インダストリアル・エンジニアリング）学者のギルブレイスによる動作研究の中から生まれ、その後、バーンズなど多くの研究者により整備されました。

「動作経済の原則」は、作業を行なう過程で見られるムリ・ムダ・ムラな動作を排除して、作業を効率的に行なうために、次の四つの基本原則を設定しています。

・動作の数を減らす
・動作を同時に行なう
・動作の距離を短くする
・動作を楽にする

●「動作の数を減らす」とは

動作分析では、分析する目的により動作を大きな単位でとらえたり、小さな単位でとらえたりします。

一番小さな動作の単位を**サーブリック**（微動作、動素）といいます。サーブリックには、「探す、選ぶ、つかむ、から手、運ぶ……」といった動素が17種類あります。

「動作の数を減らす」とは、このサーブリックをまとめたり、不要なサーブリックを排除したりして、その数を減らすことです。

動作経済の原則①

サーブリック記号

名称	記号				
探す		放す		使う	
選ぶ		位置決め		避けえぬ遅れ	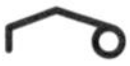
つかむ		用意する		避けうる遅れ	
から手		調べる		考える	
運ぶ		組み合わせる		休む	
保持		分解		—	—

サーブリック分析の改善着眼点

種類	サーブリック	性質	対策
第１類		仕事を進めるのに必要な動作	より楽に速く作業ができるように改善する
第２類	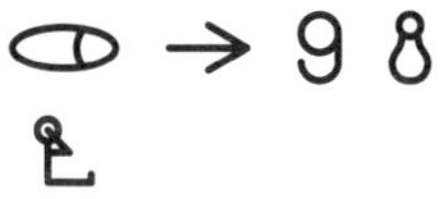	第1類の動作を遅くする傾向のある動作	できるだけ排除する
第３類		作業が進んでいない動作	極力、排除する

身体の使い方の動作等級

等級１	指の動作	
等級２	指と手首の動作	正常作業範囲
等級３	指、手首、前腕の動作	
等級４	指、手首、前腕、上腕の動作	
等級５	指、手首、前腕、上腕、肩の動作	

SECTION 47

動作は目的志向で設計するもの

動作経済の原則②

「動作経済の原則」の狙いは「疲労の防止」「やりづらい動作の改善」「迷いの生じる動作の改善」。

「動作経済の原則」は、前項の四つの基本原則を「身体の使用」「作業域」「治工具や機械」という三つの場面に適応したヒント集です。

●動作設計上のポイント

作業方法の改善や作業環境の整備を目指すのが「動作経済の原則」ですが、これを活用した動作設計上のポイントは、次のようになります。

▽疲労の防止

・自然な姿勢で作業する（身体を曲げる、ねじる動作の排除）
・動作は身体の先端部位で行なう
・モノの上下移動を避ける
・リズミカルな動作を行なう
・作業の位置、工具・部品の位置は正常作業範囲内に設置する
・作業中の歩行を少なくする
・作業対象や作業点が、楽によく見える照明にする
・同一場所での立ち作業では、足の踏み換えが行なえるようにする
・以下の「やりづらい動作の改善」なども疲労の防止につながる

▽やりづらい動作の改善

・動作方向の急変を避ける
・正確な位置を決める動作は、ガイドや治具を設置する
・工具は制約なく戻せるようにする

▽迷い・躊躇・不安のある動作の排除

・工具や材料はすべて定位置化する
・作業順序どおりに工具や材料を置く
・作業中の計算や判断事項の排除

▽操作時に誤りやすい設備の改善

・見誤りやすい押しボタンの表示の改善
・類似の表示は色表示で識別を容易化

▽ムダなく速くできる作業の追求

・両手を使い切る（遊ばせない）
・両手は対称に同時に動かす
・かかる時間や手順にバラツキのある動作の改善

▽集中しやすい環境の確保

・作業途中の「待ち」や「中断」を排除する
・作業域の騒音対策を行なう……騒音の発生や拡散の防止、耳栓使用など
・細密作業などの作業場所は隔離化する

動作経済の原則②

動作経済の原則

対象	① 動作の数を減らす	② 動作を同時に行なう	③ 動作の距離を短くする	④ 動作を楽にする
❶動作方法	●不必要な動作をなくす ●2つ以上の動きを組み合わせる ●注視回数は少なく、また注視点をできるだけ接近させる	●両手は同時に動かし始め、同時に終わらせる ●両手は同時に反対・対称方向に動かす ●両手を同時に遊ばせない	●動作は身体の先端部位で行なう（動作等級の低い動作内容） ●動作は最短距離で行なう	●制約のない惰性やはずみを使った楽な動作に近づける ●動作の方向やその変換は円滑にする ●できるだけ自然なリズムで仕事を行なう
❷作業場所	●材料や工具は作業者の前方の一定の位置に、作業順序で置く	●両手の同時動作ができる配置にする	●作業域は支障のないかぎり狭くする ●材料や工具、冶工具などは使用点に近づけて置く	●作業点の高さを最適にする ●正しい作業姿勢ができる椅子の高さにする ●作業に適した明るさの照明にする
❸冶工具・機械	●部品の取りやすい容器や器具を利用する ●工具は複合化する ●機械操作は1動作で行なえるようにする	●長時間モノを持つときは保持具を利用する ●両手の同時動作ができる治具を考える	●材料の取り出し、送り出しには重力や機械力を利用する	●握り部はつかみやすい形にする ●見える位置で楽に調整できる治具や機械にする ●工具は軽く扱えるようにする

SECTION 48

作業のルールベースを明確にする

作業基準やルールの明確化

作業基準やルールを明確化することは、組織知として共有化でき、また作業のベースラインになり（標準化）、改善のスタートラインにもなる。

●確実な作業の進め方

経験と訓練により、その作業に習熟していても、記憶のみに頼って作業していては、記憶違いや不注意により、ヒューマンエラーを生じるリスクが大きくなります。

とくに危険性の高い作業・操作、または緊急時の作業・操作、複雑または複数の人が関わる作業・操作などでは、手順書（マニュアル）を確認しながら、確実に作業を進めることが大切です。

●手順書作成のポイント

▽対象の作業を分解する（作業分解）

・分解は「○○を△△する」というように主語と述語で簡潔に表現します。

例：ボタンAを押す、ピンを挿入する

・一般的な作業は「単位作業」や「要素作業」の大きさまで、品質・安全や作業効率に大きく関わるステップは「動素」まで分解します。

例：［単位作業］品物を取り付ける、端面を削る。［要素作業］チャックを締める、材料を取る。［動素］工具を取る、ボルトを回す（5章38項参照）

▽ステップごとの急所を決める

・やりやすさのコツ、素早く行なうコツ、確実に品質をつくり込むコツ、安全のためのポイントなどを急所として、明確にします。

・「急所」は、「どのようにするのか」を実際に動作をやりながら見つけます。

・「急所」は具体的にイメージできるように五感感覚で表現します。

例：［確実にネジを締める］→カチッと音がするまでネジを締める。［徐々に戻す］→10秒かけて戻す。［きちんと折る］→端を揃えて折る

●わかりやすいマニュアルに

マニュアルは明快で、誰にでも理解できることが大切です。難解な表現だと、それを使用する作業者のヒューマンエラーを誘発する危険性があります。

現場でマニュアル破りが発生している場合、次の3点をチェックし、改善することが必要です。

・マニュアルは周知されているか
・マニュアルは守りやすいか
・マニュアル破りは直させているか

作業手順書の例

作業手順書	
作業名	#1穴あけ
部品・材料	品番：123−456 品名：L型部品　材質：S45C
治具・工具	ボール盤　ドリル(Ø4.5)
保護具	安全メガネ

No	作業のステップ	急所
1	部品を取付具に固定	● 面を下にして、メガネスパナで締め付ける
2	取付具を穴あけ位置まで移動	● ストッパーに当たるまで、取付具を押し込む
3	ドリルを切り込む	● ドリルは部品の3㎜程度手前から、2秒程度かけてゆっくりと送る ● 切粉が30㎜ぐらいまで長くなったら、ドリルを少し戻し、切粉を除去する ● ヘッドがストッパーに当たるまで送る
4	取付具を引き出す	● ドリルが部品から5㎜程度抜けてから、取付具を引き出す
5	部品を取り出し、切粉を除く	
6	部品を完成品箱の中に置く	● 縦板を左にしておく

異常時の処置:

COLUMN 6

3直3現主義とヒューマンエラー

作業を計画したり指示する場合、作業を行なう現場の状況をきちんと把握することが欠かせません。現場を確認せずに机上の空論で、「こうだろう、ああだろう」と仮定と想定を前提に作業計画を決めたり、作業指示を行なったりすることは、作業ミスを引き起こす種を生んでいるようなものです。

旧日本軍の作戦参謀による、現場を無視した精神論をベースにした作戦立案が深刻な失敗を起こしたことも、大切な教訓です。

現場リーダーの重要な役割は、作業者が作業ミスを生じない状況、確実に作業を遂行できる条件を確認し、指示を出すことといえます。

そのためには、製造現場での作業を考えると、「現場の状況を現場で確認する」ことが不可欠です。現場でしか得られない情報が必ずあるものです。

たとえば、精密な組み立て作業を指示する場合、「作業台のモノの配置は、作業がやりやすいか」「運搬作業で支障となることはないか」「作業動作上障害となるようなものはないか」「照明は十分か」「室温は精度維持上、問題はないか」「騒音で作業の障害になるようなことはないか」……このような点は現場を確認しないとわかりません。

そこで、現場リーダーは計画や指示を出す場合、「3直3現主義」で臨みたいものです。

・直ちに作業を行なう現場に行く
・直ちに作業を行なう現場の状況や条件を確認する
・直ちに作業を行なう現場の状況や条件を整備する

7章

ヒューマンエラー発生防止への道②

設備・治工具の改善策

SECTION 49

ヒトはミスをする動物だ

ポカヨケの狙いと方式の類型

ポカヨケはヒューマンエラー防止対策の奥の手だ。「ミスをさせない」「ミスをしても流出させない」。その内容の理解が役に立つ。

作業時にいくら注意していても、防げないのが「うっかりミス」。これに起因する製造不具合を根絶することは容易ではありません。

　このような場合に、うっかり（ポカ）ミスをヨケられる仕組みである、ポカヨケを採用することは効果的です。

●ポカヨケの特徴

・作業の実施時または直後の工程で行なうため、ミスの発見に遅れがない

・毎回、その都度、全数チェックするためエラーをゼロにできる

・作業に組み込まれるため、余分な時間が発生しない

・人に依存しないため信頼度が高い

　一方で、多品種少量生産の現場では、製品ごとにポカヨケの仕組みをつくるのは容易ではなく、設置にかなりの費用がかかるという短所もあります。

●ポカヨケの類型

▽目的から見たポカヨケの類型

・**操作ミスポカヨケ**……機械や設備を操作するときのミスを防ぐ

・**加工ミスポカヨケ**……加工や組み立て作業時のミスを防ぐ

・**流出ミスポカヨケ**……加工や組み立て作業後のミス流出を防ぐ

▽設置場所から見たポカヨケの類型

・**発生防止式**……ポカヨケを加工・組み立てが行なわれる作業場所に設置する

・**流出防止式**……ポカヨケを、加工・組み立て場所、または次工程に設置する

　ポカヨケはできるだけ「発生防止式」で進めるのが基本です。

▽抑止レベルの強さによる種類

・**強制式**……異常が発生した場合、「機械を停止する」「クランプが解除されない」などの方法により、作業の進行を強制的に停止させ、不良が発生しないようにする

・**警告式**……異常が発生した場合、ブザー、光の点滅、警告表示などの方法によって作業者に警告する

　しかし、作業者がこれらの警告に気がつかないと、異常の発生は続行してしまうので、通常は強制式のほうが望ましいといえます。

ポカヨケの内容

製造不具合とポカヨケ

加工・組み立てなどの作業ミスの原因

原因1（誘因:SHELの側面）

- 見にくい
- 細かい、小さい
- 似ている
- 照明が暗い
- 作業の中断
- 疲労
- 慣れ
- チームワークが悪い

など

原因2（起因:人間特性の側面）

- 思い込み
- やり損ない
- 忘れ
- 意識低下

など

製造不具合の現われ方と対策方向

操作時のミス

- ボタンやレバーへのタッチミス
- 誤選択
- 手順の勘違い
- 操作忘れ

など

加工時のミス

- 加工寸法ミス
- 加工モレのミス
- 数量違いのミス
- 異品選択ミス
- 取り付けミス
- 段取り調整ミス

など

→ 発生防止式（操作時のミス・加工時のミス）

流出ミス（加工後のミス）

- 見逃しミス
- 慣れによる注意力低下ミス
- 慣れによる集中力低下ミス
- 前工程依存ミス

など

→ 流出防止式

不具合対策の抑止力

- 強制式
- 警告式

SECTION 50 操作ミスを強制的に止める対策

強制式の操作ミスポカヨケの進め方

うっかりでの操作ミスを防ぐには、強制的に操作をブロックするミス防止方式が有効。

製造現場での作業ミスは、機械や冶工具を取り扱う際の、操作ミスが大きなウエートを占めています。

誤操作は、マン・マシンインターフェース（人間と機械の接点）である操作レバーや操作ボタン、操作スイッチへの操作動作のミスが、大きなウエートを占めています。

「操作ミスポカヨケ」の類型は、強制式と警告式（次項参照）に分けると明快です。操作ミスの発生を防ぐ「操作ミスポカヨケ」は現場の知恵と工夫の結晶といえます。

●強制式操作ミスポカヨケの種類

▽**カバー化**……スイッチやボタン等にうっかり触れるのを防止するためにカバーやガードを設けます。

▽**自動停止化**……エアー源が故障し、エアー圧が所定の圧力より下がった場合などは、誤操作や誤作動が生じないように強制的に機械を停止させます。

▽**手順化**……安全や品質確保のために、手順を踏まないと機械が起動しないようにします（例：両手でスイッチを同時に押さないと、プレス機が起動しない）。

▽**分離化**……慌てて誤操作しないように、レバーなどを取り外し式にして、別の場所に保管するようにします。

▽**異サイズ化**……複数のホースを使用する場合、連結ミスを防ぐためにジョイントのサイズや形状を変えます。

▽**握りの確実化**……操作握り部を持ち損ねたり、滑ったりしないように、握り部にローレット（凹凸の加工）を切ったりして対応します。

▽**ゲージ化**……機械のストロークエンドの調整を、ゲージの交換で行なうようにして、調整ミスをなくします。

▽**広間隔化**……操作ボタンやスイッチ等の間隔を広くして、誤接触や誤操作を防ぎます。

▽**ロック化**……重要なバルブ開閉レバーを鍵でロックして、操作できる人を限定化できるようにします。

▽**マスク化**……必要な部分のみに穴が開いたマスクで操作スイッチをブラインド化し、必要なスイッチしか押せないように規制します。

「操作ミスポカヨケ(強制式)」の例

カバー化の例

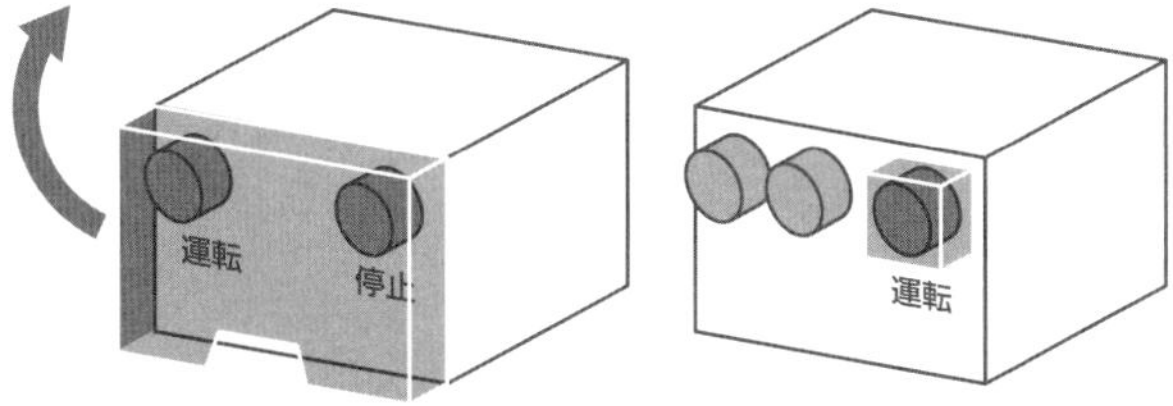

スイッチボックスの全面をカバー(ハネトがり式)や
ガードで覆い、誤タッチを防止する

手順化の例

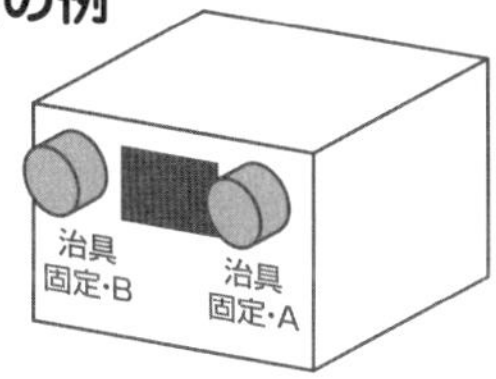

AB両方のボタンスイッチを同時に押さないと「治具のクランプ動作」がスタートしないようにし、治具の中に手を入れての挟み事故を防止する

ゲージ化の例

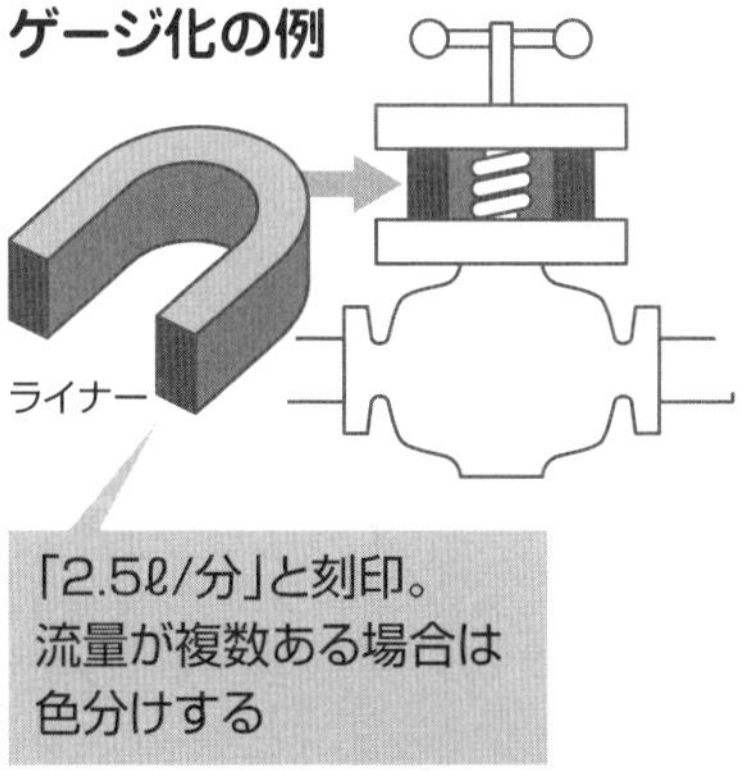

バルブで流量設定時に所定のライナーをセットして調整することにより、セットミスを防止する

分離化の例

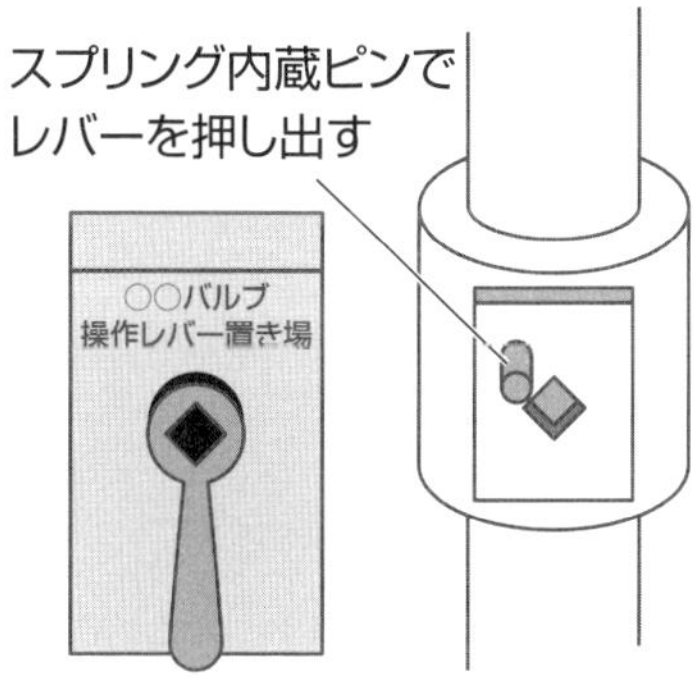

誤ってレバー操作を行なえない
ようにする

マスク化の例

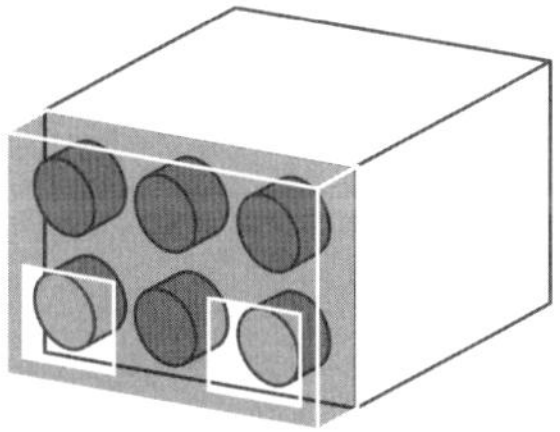

開口部のスイッチ以外は
操作できないようにする

SECTION 51
操作ミスを起こさないよう警告を発する仕組み

警告式の操作ミスポカヨケの進め方

「ミスを色で警告する」「番号順表示でミスしないように誘導する」などの方法。幅広い作業での操作ミスの予防に効果的。

警告式の操作ミスポカヨケは、ポカヨケとしてのミス抑止機能は間接的で弱いといえますが、次のような長所があります。

・対策のコストが安い
・一般的に、対象として多くの部品や作業に適用でき、汎用性がある
・加工や組み立てなどの直接作業だけでなく、保管作業や運搬作業などの間接作業のヒューマンエラー防止にも効果的

●警告式操作ミスポカヨケの種類

▽**色分け**……モノや状態を色分けして識別できるようにすると、選択時のミスを減らすことができます。

例：良品と不良品の置き台色区分。配管やチューブの種別色分け。一連の作業に使用する機械・冶工具・原材料などを同一の色ラベルなどで統一して識別するなど

▽**定置化（5Sの整頓）**……所定の場所や位置に、所定のモノがあることは、選択ミスを防ぐ基本です。工具などの姿置き方式で実現します。

▽**手順番号化**……操作手順（順番）の番号を、その操作対象にラベルで表示することで、動作のもれ、順番のミス、順番選択の迷いを防ぎます。

▽**マーク表示化**……人が操作するときに動作や調整の適正範囲のマークをつけます。上限・下限の位置マーク、方向や位置を明示するマークなどは、動作を正しく誘導し、また判断や動作の迷いを防ぎます。

▽**不要品撤去（5Sの整理）**……作業域に余剰なモノや不要なモノがあると、正しい姿勢や位置での作業を阻害し、見間違いや動作の不安定さを招き、ヒューマンエラーを引き起こします。

▽**コーションプレート設置**……品質ミスなどのヒューマンエラーを起こしやすい作業の動作場所には、注意を喚起する警告プレートを貼ります。

▽**見える化**……操作レバーやスイッチボタンなどの握りの形状や、ボタンの形状を作業の種類で変えるなどして、視覚的に認知できるようにするのも効果的です。

「操作ミスポカヨケ（警告式）」の例

色分けの例

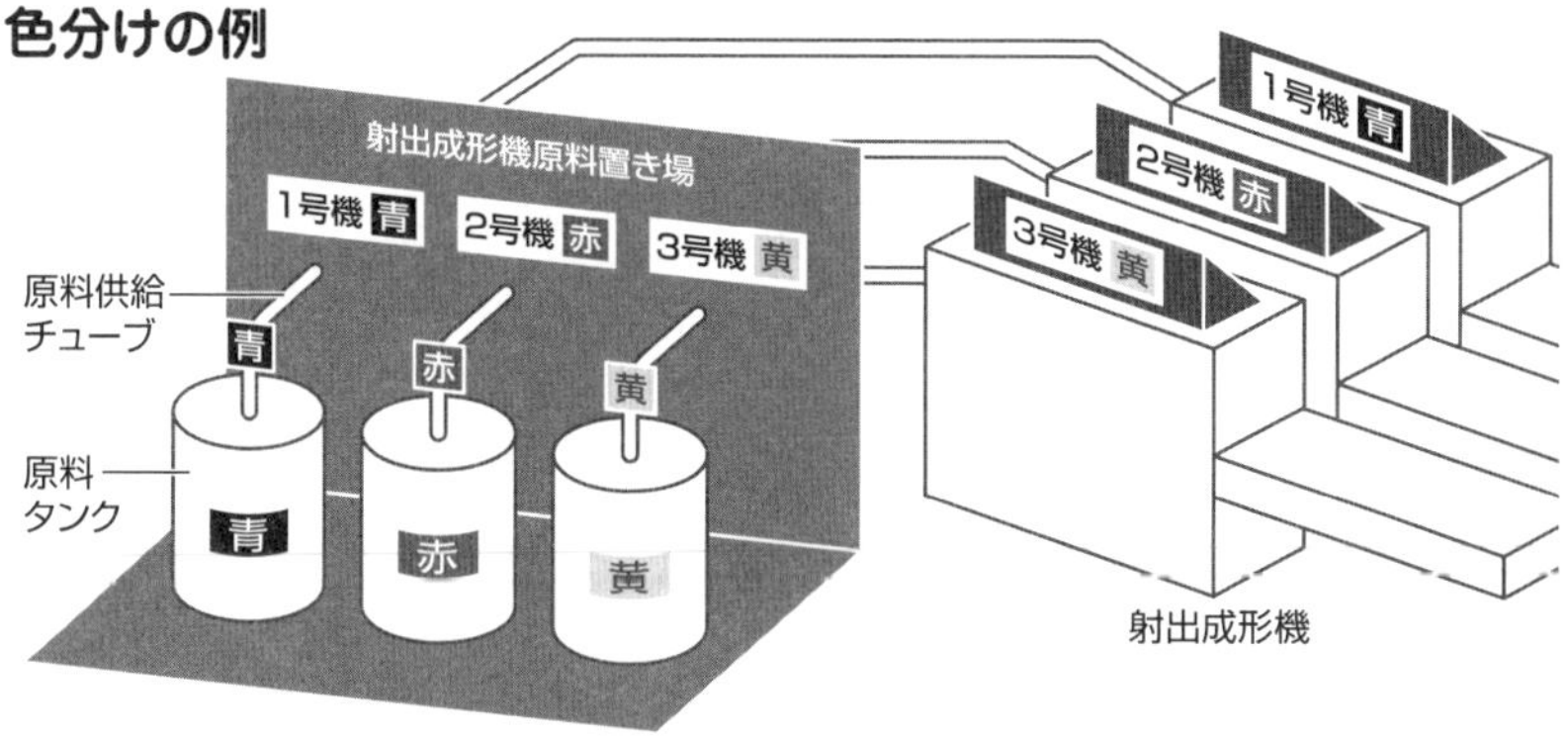

複数台ある射出成形機の原料の投入ミスをなくすために、号機により色を決め、原料置き場の原料の位置、原料供給チューブ、原料タンクなど一連のモノに同じ色マークをつけ、操作ミスを防止する

手順番号化の例

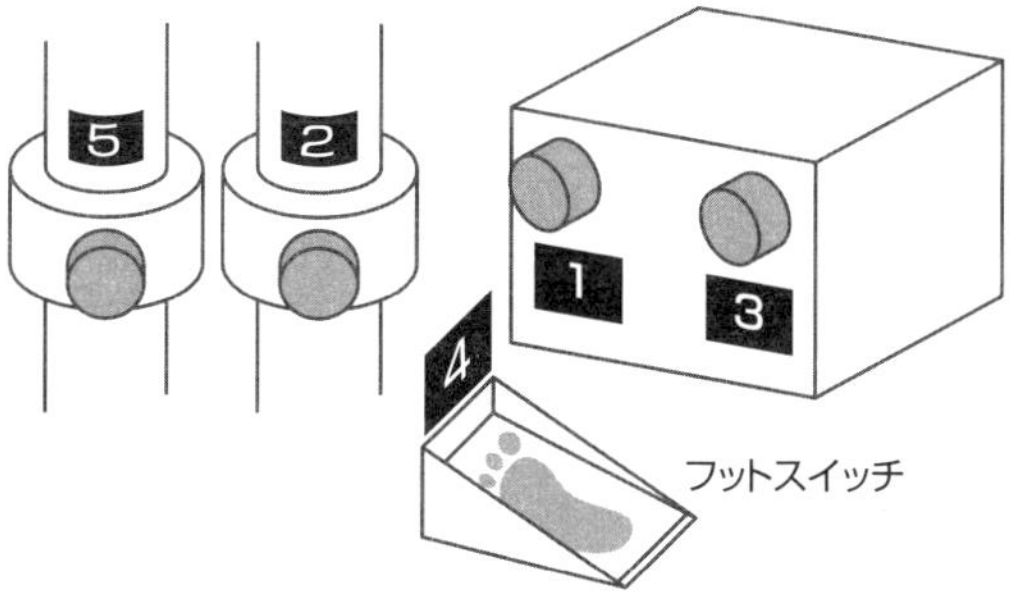

設定された操作順を各操作部にラベルで表示し、操作ミスを防止する

マーク表示化の例

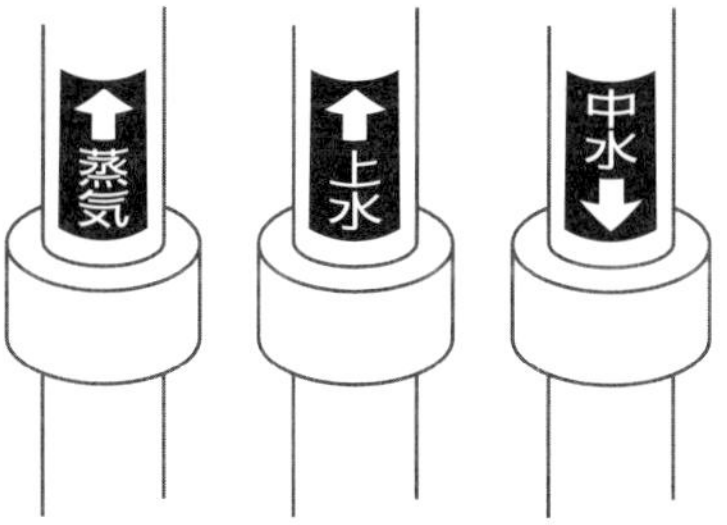

配管に流体の種類や流出方向を表示し、作業ミスを防止する

見える化の例

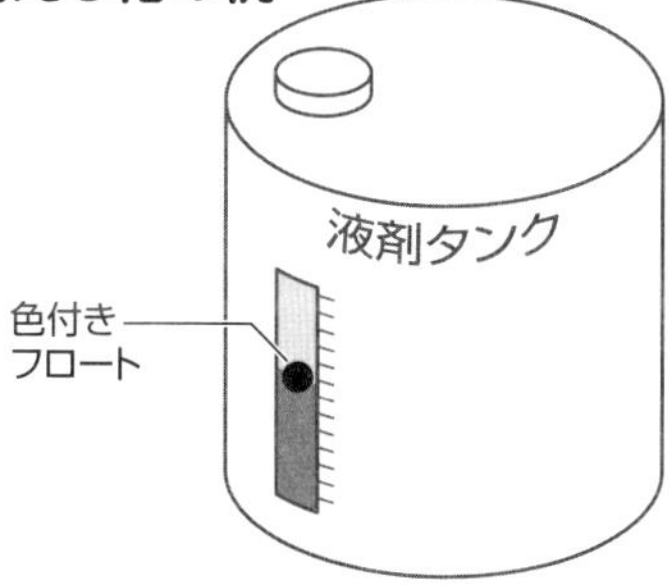

液面の確認のときに、液面計の液の位置の見間違いを色付きフロートを入れることで防止する

SECTION 52

加工ミスを確実に防止する

加工ミスポカヨケの進め方

段取り段階でも、作業段階でも、加工ミスを確実に防止して100％良品宣言でミスゼロを目指す。

製造現場の主体作業である加工・組み立て作業段階でのミス対策が「加工ミスポカヨケ」ですが、加工方式（機械式か人手作業か）などにより、対策も個別に検討する必要があります。「加工ミスポカヨケ」には、作業準備中（段取り中）に発生するミスへの対応と、作業中に発生するミスへの対応があります。

●準備中のミス防止

作業準備中（段取り中）のミスには、次のような種類があり、それぞれにマッチした対策を工夫します。

▽**取り付け向きや位置のミス（セットミス）**……形状の特徴で、誤った向きや位置には、治工具と干渉する（治具と部品がぶつかる）ようにします。

▽**異品を取り付けるミス**……形状的特性差を利用して、意図する製品（部品）以外は、取り付け治工具との干渉で、取り付けられないようにします（メカ的工夫）。

▽**取り付け位置の調整（段取り）ミス**……調整をなくし、基準ブロックの交換などで行なうようにします。

●作業中のミス防止

作業中にも次のようなミスがあります。それぞれの加工方式にマッチした対策が必要です（次項でも加工ミスポカヨケの例を示しています）。

▽**異品組み付けミス**……当該作業で組み付ける部品のみを供給する装置を設置したり、使用しない部品は誤使用防止カバーをつけたりします。

▽**組み込み忘れや数量違いのミス**……部品のセット化（一式化）などでミスを防ぎます。

▽**加工寸法ミス**……汎用機であれば、寸法設定のストッパーを設置したり、摺動《しゅうどう》部にスケール（デジタル式スケールやテープ状スケール）を張り付けて、寸法確認を確実にしたりします。

▽**加工モレのミス**……カウンターを設置して、機械操作や作動回数をカウントし、プリセットした回数の加工が確実に行なえるようにします。

これらの対策は、できるだけ強制式でミスを抑止できるような工夫を検討するようにします。

「加工ミスポカヨケ」の例

セットミス防止

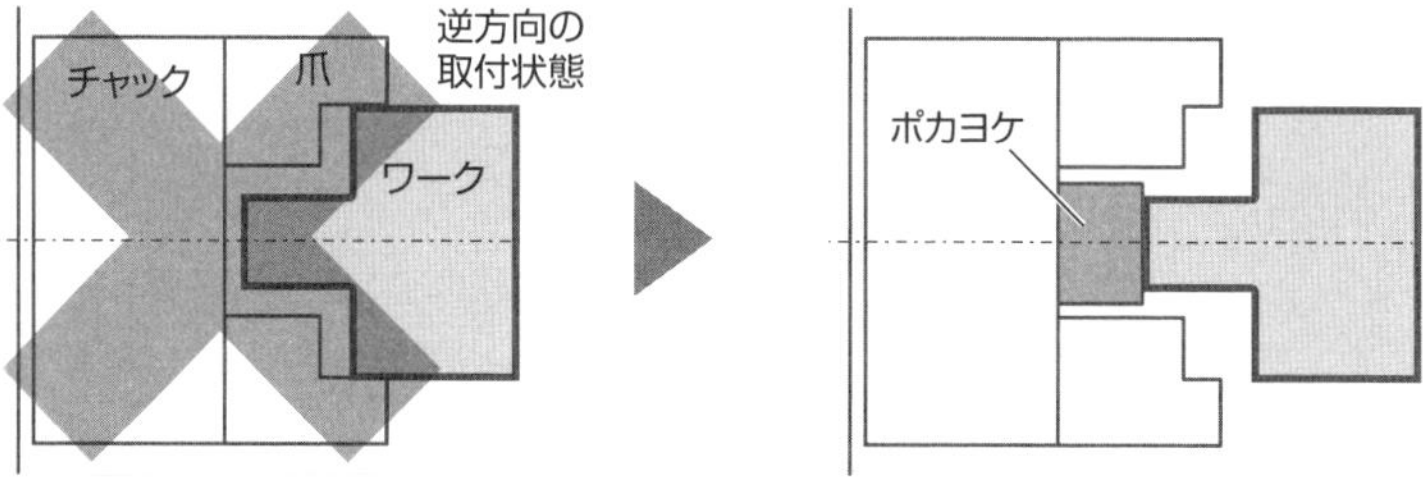

ワークを逆方向にチャックしても気づかないと加工不良が発生

ワークを逆方向にセットしようとすると、ポカヨケによりチャックできない。ワークの形状でセットミスを防止する

取り付けミス防止

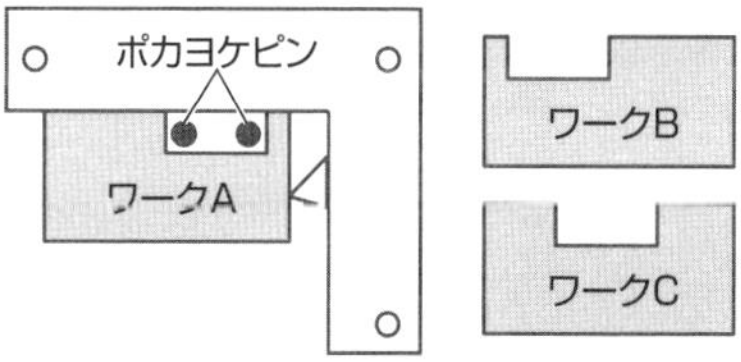

切《きり》欠《かき》の位置と加工する穴位置が異なる複数のワークがあるときは、ポカヨケピンをワークに合わせてセットすることで取り付けミスを防止する

組み込み忘れ防止

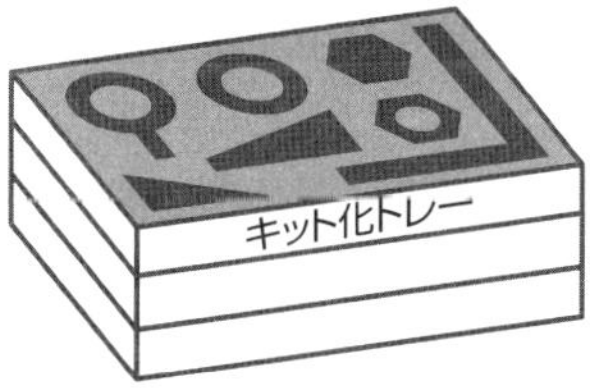

組み込む部品を、部品位置を型彫式で設定したキット化トレーに一式事前に準備し、組み込み忘れを防止する

加工寸法ミス防止

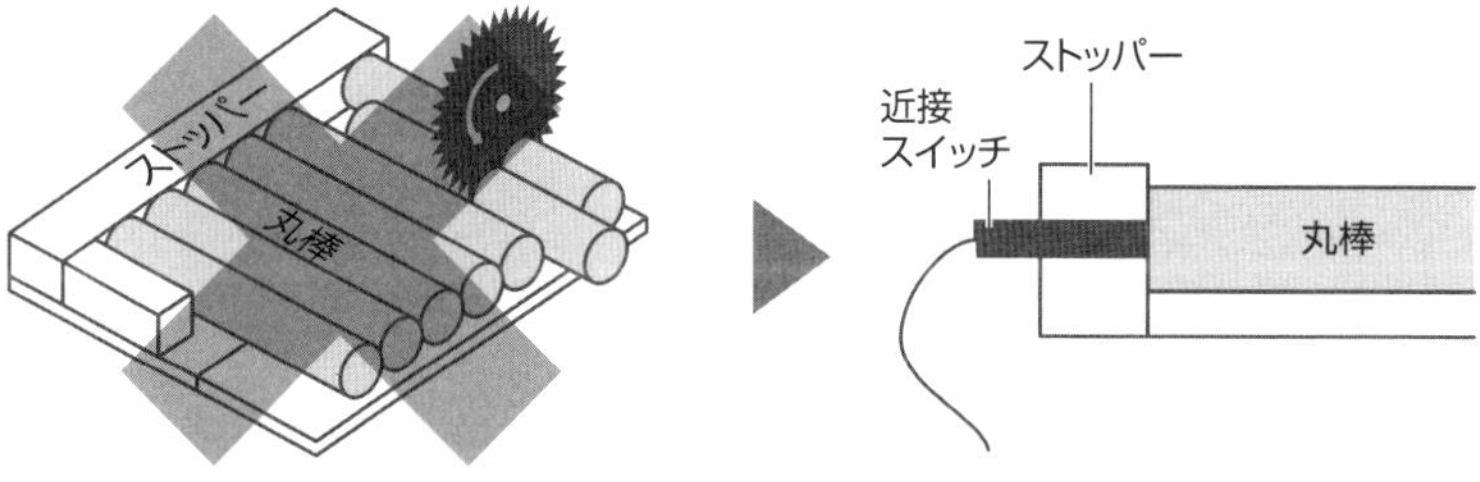

丸棒を複数本まとめて一定寸法に切断するとき、丸棒がストッパーに当たっていない状態で切断し、寸法ミスが発生

ストッパーに丸棒が当たると近接スイッチよりOK信号が出て、全丸棒からOK信号が出ないと切断をスタートできないようにする

SECTION 53 加工ミスをブロックする方策

流出ミスポカヨケの進め方

加工ミスが起きても次工程に流さないことが大事。流出ミスポカヨケは100％、加工ミスをブロックする最後の砦だ。

主体作業の「加工ミスポカヨケ」は効果的な方法ですが、その設置がむずかしい場合も少なくありません（技術的または費用面で）。

このような場合は、次善の策として「流出ミスポカヨケ」で対応するのがいいでしょう。

●流出ミスポカヨケの種類と例

▽**形状差検知**……加工前後で明確な形状差が出る場合は、スイッチやセンサーなどで形状差を検知し、加工モレなどによる差がある場合は、アラームを発信したり、NG品をメカ的に排出します。

▽**重量差検知**……組み立て後に製品の重量を測定して、重量不足の製品は部品の組み付けモレとして、アラーム音を発したり、強制的に排出します。

▽**寸法差検知**……ドリルで穴加工後に、ドリルの先端を検出して、所定の長さの位置にドリルがない場合は、ドリルが折損していると判断し、未加工発生の警告を発します。

▽**位置差検知**……組み立て作業で部品の組み付け忘れの製品が流出しないように、部品組み付け位置をセンサーで検知し、あるべき部品がない場合は警告が出るようにします。

▽**整列化**……製品が一定方向に並ぶ保管治具に製品を並べて、加工モレなどで形状の違いのある製品を、一目で目視発見できるようにします。

▽**回数検知（加工ミスポカヨケ）**……動作回数などの検知を行ない、所定回数を外れる場合は警告を出します。

たとえば、無線式トルクレンチで規定締め付けトルク時に発信される信号を受信して、締め付け回数を確認し、ボルトの締め付け回数不足の場合には、警告を出すようにします。

▽**有無検知（加工ミスポカヨケ）**……組み立て作業時に、リングの組み込み忘れがあっても、気づかずに出荷してしまうケースでは、次のような対策を取ります。

リング組み付けの都度、センサーの間にリングを通すように手順を設定し、通過の信号が発せられた場合のみ、締め付け電動工具が動くようにします。

「流出ミスポカヨケ」の例

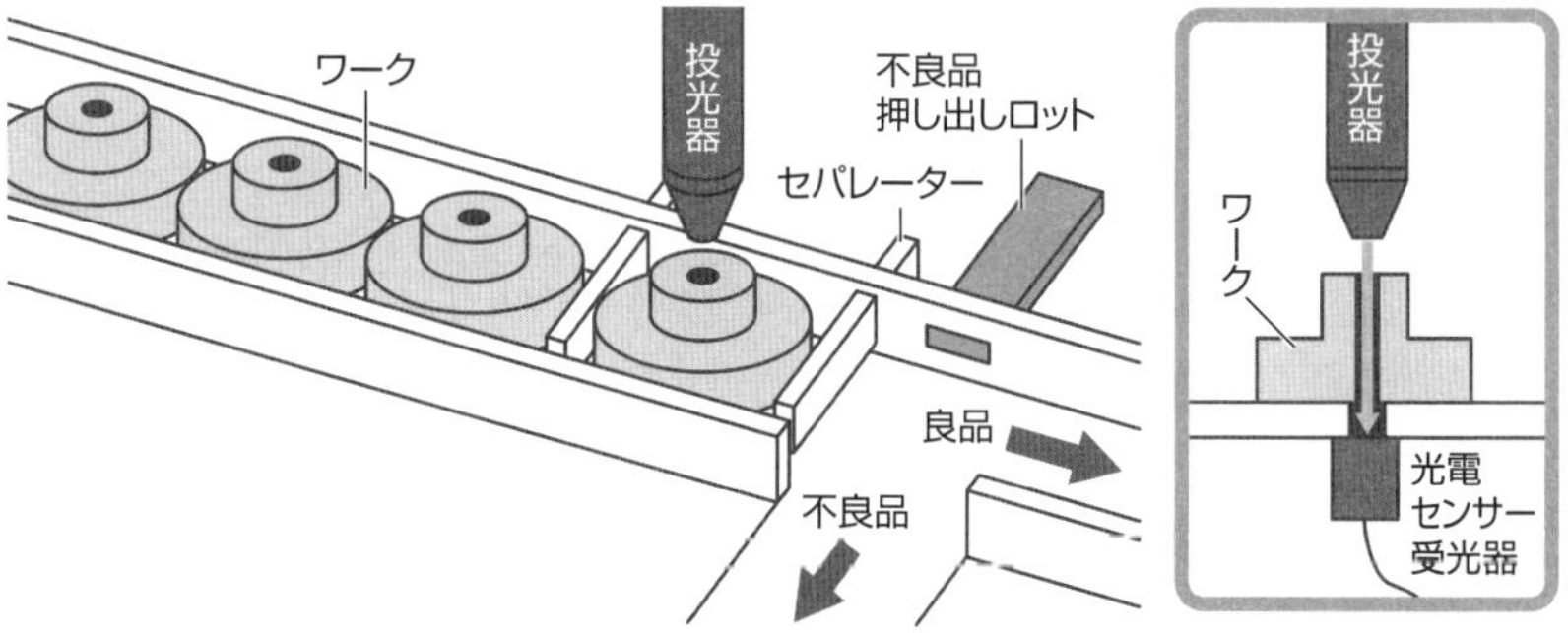

穴加工されるワークに投光器で光を当て、受光器の光電センサーで穴あきの有無をチェックし、不良品（穴なし）の流出を防止する

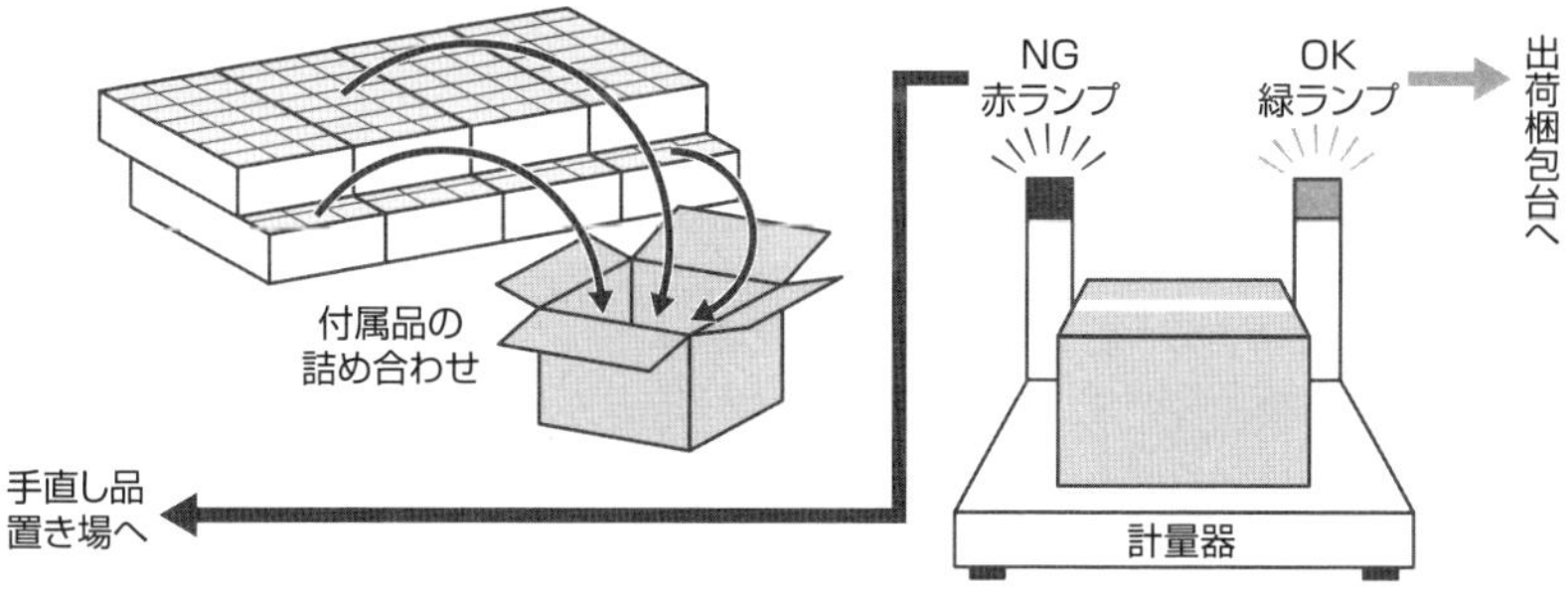

付属品の詰め合わせは、集中力の低下や疲れなどで員数ミスが発生することがある。そこで詰め合わせ後、計量器で重量をチェックし、OKであれば緑ランプが点灯、NGであれば赤ランプが点灯するようにし、同時にブザー音で警告する

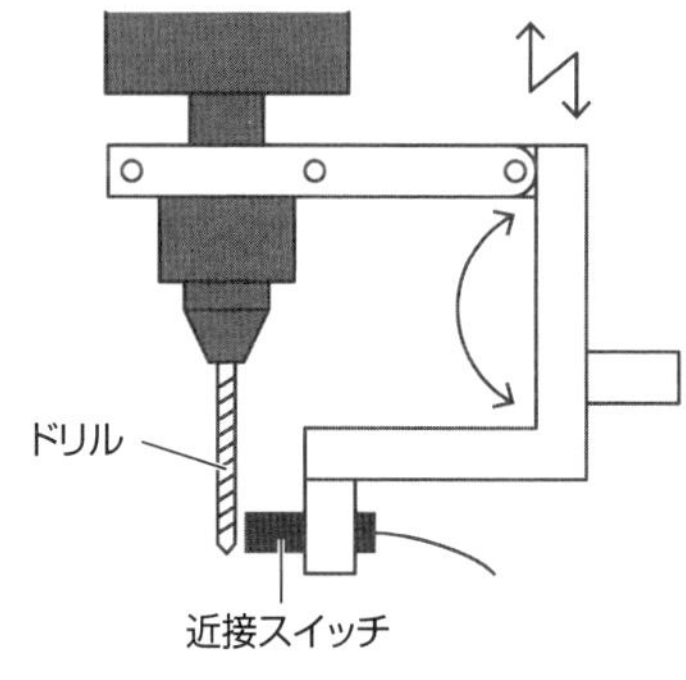

穴加工後、ドリルの折損発生の有無を近接スイッチで検知し、折損を検知したら次のサイクルに入らないようにする

SECTION 54

人間工学の視点からミスを誘発しない環境を考える①

人と機械のインターフェースの整備❶

表示装置でのエラーを防ぐ

表示装置は機械の状態・状況を伝えるメッセンジャー。この情報を正しく読み取れないと、ヒューマンエラーを引き起こす。

多くの「うっかりミス」は、人（作業者）と機械のインターフェース（接点）で発生しています。

作業者が機械を操作するときには、通常は表示装置の情報を知って、それをもとに操作装置を介して機械に働きかけます。

したがって、次の2点に対する工夫が、機械の操作時のヒューマンエラーを低減します。

・表示装置の読み取りやすさの向上
・操作装置の操作ミスのリスク軽減（次項参照）

●表示装置の種類と選定

表示装置の表示方法には、

・指針可動・目盛固定式
・目盛可動・指針固定式
・カウンター式（デジタル式）

などがあります。

値の読み取りやすさ、値の変化の確認のしやすさ、調整時の値の見やすさなどでそれぞれ長所・短所があるので、ヒューマンエラーを防ぐ視点で検討する必要があります。

さらに、値を読み取る際に、次のような点があると、読み取りミス（ヒューマンエラー）を生じます。

・目盛線などが細く、文字が小さくて読み取りにくく認識しづらい
・目盛線と表示文字の位置関係が適切でない

表示装置は、読み取りミスを少なくするとともに、今、どのような状態か（正常か異常か）、目標値は何かなどが、直感的に判断できるようなデザインであることが大切です。

●LCD表示の課題

表示装置にはLCD（液晶ディスプレイ）式が多用されてきていますが、次のような点にも配慮して、読み取りミスや眼精疲労を軽減する必要があります。

・LCD面の照度が高すぎても、低すぎても読み取りづらい
・視野角（画面が正常に見える範囲の角度）に限界がある
・輝度の高いディスプレイを採用すると読み取りやすい
・ちらつきの調整や防止を行なう

ミスの少ない表示装置とは？

表示装置の種類

	指針可動・目盛固定式	目盛可動・指針固定式	カウンター式
表示の種別		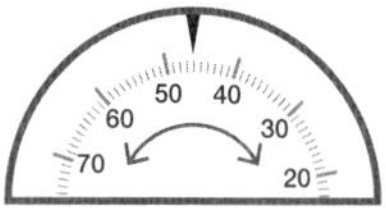	2345
読み取りやすさ	よい	よい	非常によい
変化の確認	非常によい	よい	悪い
調整時の値の確認のしやすさ	非常によい	よい	よい

（エティエンヌ・グランジャン『産業人間工学』啓学出版 1992年 をもとに作成）

表示装置の例

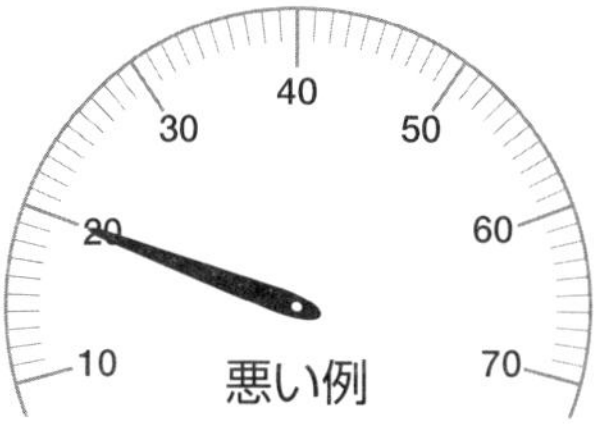

目盛線と表示文字の位置関係

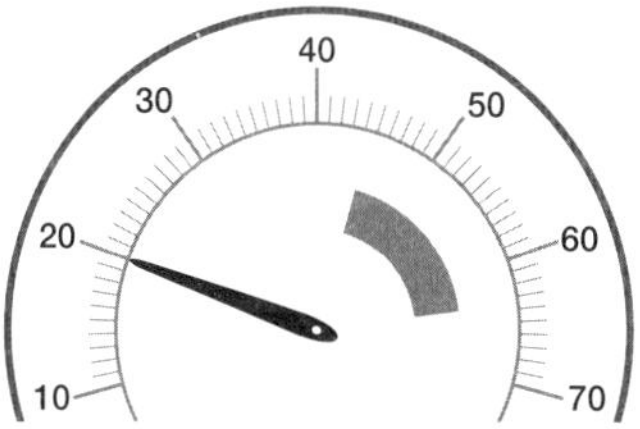

目標を帯（色付き）で表示し、現状を判断しやすい計器

必要情報を単純化し、読み取りミスが起こりにくいように設計された計器

SECTION 55

人間工学の視点からミスを誘発しない環境を考える②

人と機械のインターフェースの整備❷

操作装置でのエラーを防ぐ

操作装置は機械の情報受容器官。操作装置に異常があると機械は誤った指示を受け、ヒューマンエラーとなる。

●操作装置でのミスの防止

作業者が機械を操作するときは、押しボタン、各種スイッチ、レバーなどの操作装置を介して行ないます。

機械操作時のヒューマンエラーを低減するには、次のような視点からの工夫が大切です。

▽操作装置は身体機能にマッチしたものにする。

例：速く正確な動きには指や手、力を要する操作には腕や足を使う

▽手を使う操作装置は、肘から肩の高さに設置し、楽に手が届くこと。

▽操作装置の配置は、身体的特性を考慮して、ミスを防げるように離す。

例：隣のボタンを押さないようにする

▽連続的な回転操作や直線スライド操作では、一定の目盛りごとにクリック感を発生する機構を採用する。

▽長いレバーやハンドル、ペダルは移動範囲が大きく、力が必要になるため、正確さを必要としない操作に適用する。

▽複数のノブやボタンを近接して配置する場合は、見ないで操作しても、触覚などで区別できるように、形状を変えたり、表面の質感を変えたり、段差をつけたりするとよい。

▽指先で微調整を行なう場合は、手首を支点に操作できるようにする。

●表示装置と操作装置の関連性

表示装置と操作装置は作業と機能面で結びついていることが多いため、この二つの装置の動きの方向が、感覚的に整合性が取れていると、操作ミスも少なくなります。

▽操作装置を右回転させたり、右に動かすときは、指針も右回転したり、右に移動する。操作装置を上または手前に動かすときは、指針も目盛りが縦型の場合は上、横型の場合は右に移動する。

▽操作装置の右回転は、増加を意味する。したがって表示装置も増加として示される必要がある。

▽目盛可動・指針固定式では、操作装置を右に動かすとき、表示装置は目盛りも右に動き、かつ値も増加するようにしておく。

ミスの少ない操作装置とは？

スイッチなどの配置間隔

操作装置の種別	操作の方法	間隔(cm)	
		最小値	最適値
プッシュボタン	指1本	2.0	5.0
トグルスイッチ	指1本	2.5	5.0
主電源スイッチ	片手	5.0	10.0
ハンドル	両手	7.5	12.5
ペダル	片足で2個のペダル	5.0	10.0

(エティエンヌ・グランジャン『産業人間工学』啓学出版 1992年 をもとに作成)

使いやすい操作装置の例

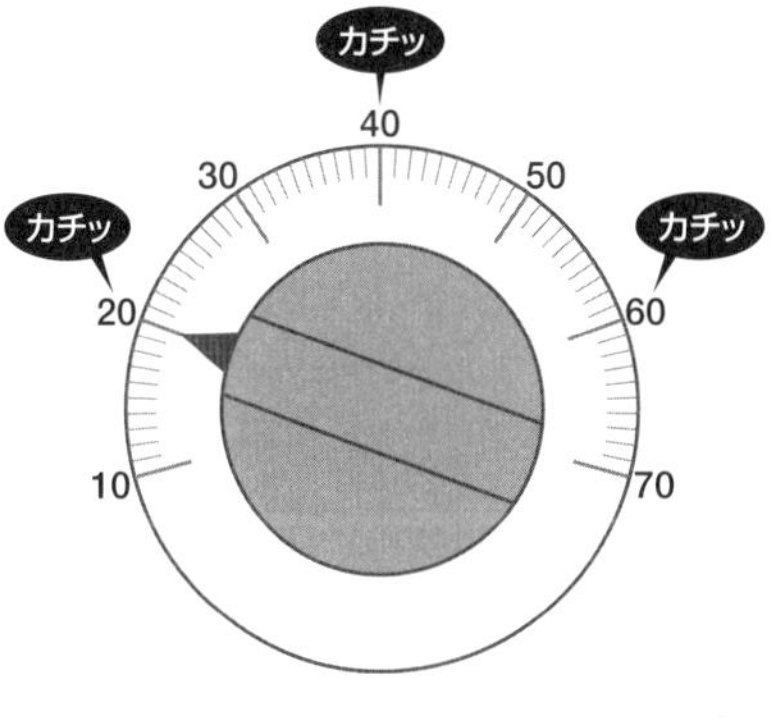

ロータリースイッチでは、一定の目盛りごとに軽いクリック感があると、調整操作が効率よくできる

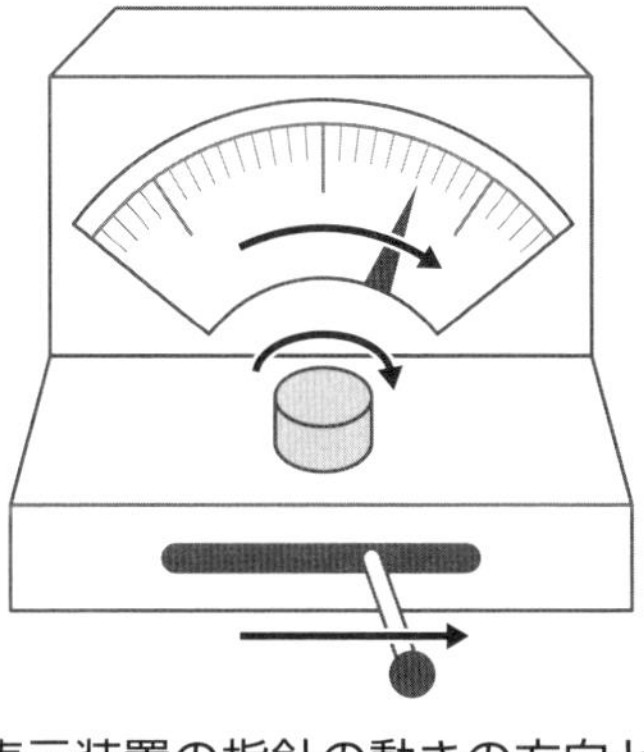

表示装置の指針の動きの方向と、操作ダイヤルの回転方向、または操作レバーの操作方向が一致していると、操作ミスを防止できる

SECTION 56

人間工学の視点からミスを誘発しない環境を考える③

作業台や冶工具などの改善

作業台や冶工具は身近なハードのため、ヒューマンエラーへの影響が軽んじられる傾向があるが、使用頻度が高いので影響は大きい。

●作業台・冶工具での作業疲労

多くの作業域で、作業者は機械や設備以外に、作業台や作業机、また冶工具など多くの関連器具類を使って、日々、作業を行なっています。

機械や設備を使っての作業時間よりも、これらの関連器具類を使って作業する時間のほうが、はるかに長い場合もあります。

こうした関連器具類を用いるときの課題は、疲労と作業効率であり、ヒューマンエラー防止の面からは、疲労防止が大きな課題です。

●疲労防止の工夫

疲労発生要因には、作業を行なう位置の高さ、部品や工具の保管位置や置き方、作業域のレイアウト（関連器具類や機械の配置）などがあります。

▽**作業台の高さ**……作業台の高さが不適切だと、上腕を曲げた状態で作業したり、背伸びをしたり、うつむいたりといった動作が発生し、身体疲労の大きな要因となります。

立ち作業で手作業を行なう場合の作業台（作業位置）の高さは、一般的軽作業では、基準線（左図参照）から10～15㎝下がよいとされています。

したがって身長差のある作業者が、同一作業台を交代で使用する場合の作業面は、身長の高い人に合わせ、身長の低い人のためには、踏み台を用意することが必要です。

▽**部品や工具の保管位置**……部品や工具を取ったり戻したりする際に、楽に行なえるように、正常作業域（肘を支点に下腕の回転範囲）に保管位置を設定すべきです。

これを超えて手や腕を伸ばす動作をしたり、身体をねじったり、屈んだりする動作は疲労を誘います。

▽**作業域のレイアウト**……関連器具類や機械の配置（レイアウト）が適切でないと、移動する動線が長くなり、歩行による疲労だけでなく、非稼働時間も長くなります。

作業手順に沿った作業台の配置や、部品・工具の使用順に沿った保管位置の設定が必要です。

作業面の高さと作業域

作業面の高さの基準

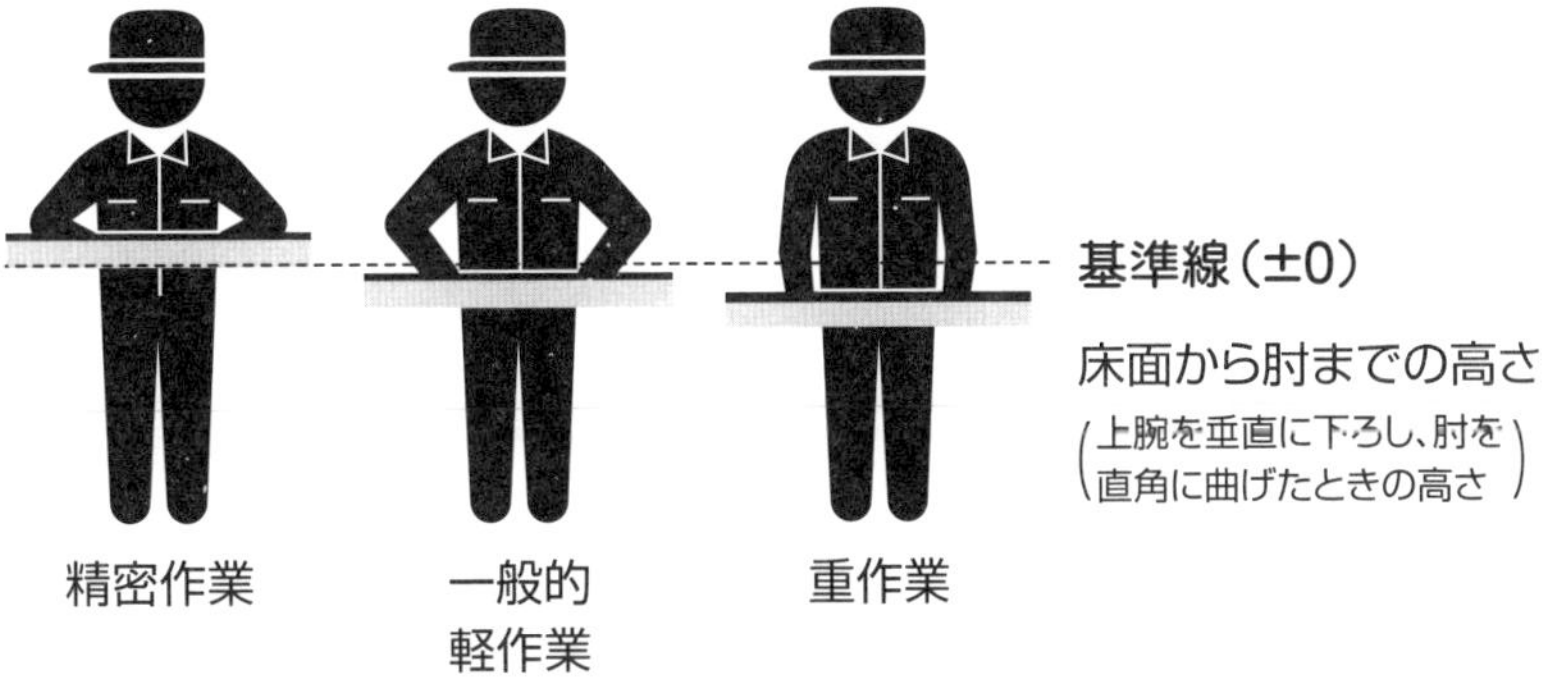

精密作業	肘を作業台で支持する作業姿勢が望ましい。作業位置は基準線から5～10cm上方にする
一般的軽作業	作業位置は基準線から10～15cm下方にする
重作業	多くの筋力を使い、体重を利用する場合は、作業位置を低く設定する。基準線から15～40cm下方にする

最大作業域・正常作業域とは？

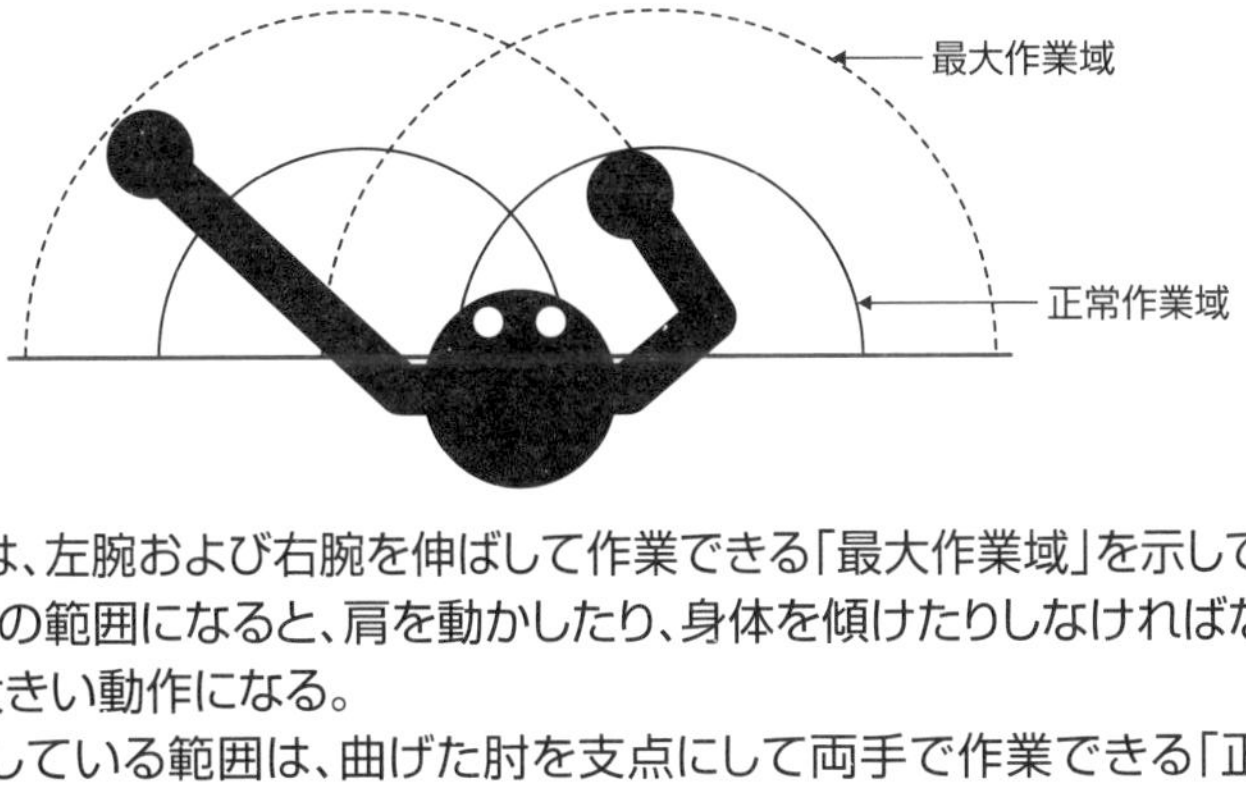

図の破線は、左腕および右腕を伸ばして作業できる「最大作業域」を示している。これ以上の範囲になると、肩を動かしたり、身体を傾けたりしなければならず、負荷の大きい動作になる。

実線で示している範囲は、曲げた肘を支点にして両手で作業できる「正常作業域」を示している。

COLUMN 7

４Ｍの変化とヒューマンエラー

ヒューマンエラーの発生を考えると、「いつもは問題なくやっていたのに」というようなケースが多いものです。「いつもはできていたのに、今回はなぜできなかったのか？　なぜ失敗したのか？」。この点をしっかりと追究する必要があります。

人の認知や動作の実行などは、作業環境に左右されます。作業環境の代表的なものに４Ｍ（人･設備･材料･方法）があります。「いつもは」できていたのに、「今回はなぜ？」ということは、「いつもの」と「今回」の間に何らかの変化があったということでしょう。

「人の変化は？」……「担当者やペア作業者が変わった」「前後工程の担当者が変わった」などということがなかったか。

「設備の変化は？」……使用する設備の変更、治工具、作業工具、機械の調子などに変わった点はなかったか。

「材料の変化は？」……使用した材料の変化（メーカーやロットなど）はなかったか。

「方法の変化は？」……作業の手順や作業方法、使用する工具などに変化はなかったか。

このような点を作業の前にしっかりとチェックし、もし変化がある場合には、職場のリーダーはミスを発生させないための事前の注意や指導を確実に行なうようにします。

ある会社の現場では､これを「見える化」で確実に運用しています。「４Ｍ管理ボード」を設置し、ボード上で機械ごとに「本日の４Ｍの変化：人・設備・材料・方法」と表示して、それぞれについて変化があったかどうか、どのような変化があったのかを明記し、全員がこれらの変化を意識して、ミスを生じないように注意を喚起しています。

また変化が発生した場合には､朝礼などで担当者に注意や指導をし、職場巡回時には作業者への注意事項を確認しています。

8章

ヒューマンエラー発生防止への道③

マネジメント・人の面の改善策

SECTION 57

危険予知力はミスを予防する

危険予知力の向上❶

危険予知訓練の進め方

「潜在的な危険を認識し把握する力」である危険予知力は、シミュレーションでの訓練で高められる。

●危険予知力とヒューマンエラー

ヒューマンエラーが発生する前に、人の認知特性面や誘因になる環境面のリスクに気づいて対応することができれば、製造不具合を予防できる可能性が高まります。

この気づき能力が危険予知力であり、危険を危険と気づくことができる感受性ともいえます。

危険予知力を高めるには、危険予知訓練（ＫＹＴ）と危険予知活動（次項参照）の二つの方法があります。

「危険予知訓練」は、作業や職場に潜む、ミスを生む危険要因をチームで発見し、解決していく訓練です。

危険予知訓練は、中央労働災害防止協会が推進している「ＫＹＴ４Ｒ（ラウンド）法」がもっともポピュラーな手法です。

●ＫＹＴ４Ｒ法の進め方

ＫＹＴ４Ｒ法では、身近な職場や作業等の状況をイラストや写真で訓練対象者に示し、以下のような手順で訓練を進めます（左ページの図表参照）。

▽1R：現状把握［どんな危険が潜んでいるか］

写真などの課題状況の中に、どのようなヒューマンエラーを生じる危険要因が潜んでいるかを、ブレーンストーミング的に摘出し合います。

▽2R：本質追究［これが危険のポイントだ］

摘出した危険要因について、「～なので～して～になる」と表現します。

例：薄暗いので、見間違えて隣のボタンを押して、回転中のチャックが開く

危険要因の重要なものは○、もっとも重要なものは◎でマークします。

▽3R：対策樹立［あなたならどうする］

最重要な危険要因（◎印）の対策案をメンバーで考えて、具体的な対策を立てます。

▽4R：目標設定［私たちはこうする］

出てきた対策案などをメンバーで討議し、実施項目を絞り込み（＊印）、それを実施するための行動目標を設定して実施に入ります。

「危険予知訓練」の流れ

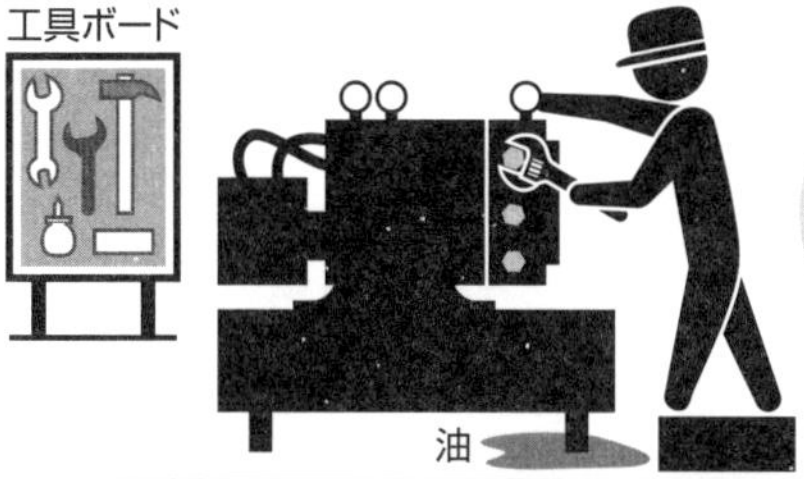

危険予知訓練のKYTは、
- 危険のK
- 予知のY
- トレーニングのT

をとったものです。

あなたは油圧ユニットの分解を行なうためにモンキースパナでボルトを緩めている

1R：どんな危険が潜んでいるか
2R：これが危険のポイントだ

	1	工具ボードが離れていて、かつ取りに行く回数も多く、踏み台も使っているので、作業疲労がたまる
○	2	ユニットが大きいので、踏み台の上でボルトを緩めるとき、踏み台が滑って転倒する
◎	3	工具ボードが離れているので手元のモンキースパナでボルトを緩めると、レンチがボルトの頭から外れ、落下することがある
◎	4	油圧ユニットのカバーを緩めるとき、油が床にこぼれるので、そこに足をつくと、滑って転倒する
	5	床にもれた油が踏み台の下に回っていることがあるので、踏み台がずれてバランスを崩して、手に持っていたユニットの計器を破損する

3R：あなたならどうする
4R：私たちはこうする

実施項目	具体策
	工具ボードを手元化する
＊	モンキースパナは使用しない

実施項目	具体策
＊	本機上で油圧ユニットから事前に油抜きをする
	油がこぼれたらただちに拭き取る
	オイルパンの上で分解作業をする

チーム行動目標	モンキースパナは使用しない

チーム行動目標	油圧ユニット内の油は、分解作業前に抜き取る

SECTION 58

危険予知活動は業務とリンクしている

危険予知力の向上❷

危険予知活動の進め方

新しい製造作業のスタート時には、エラーモードを分析し、その原因つぶしが効果的な活動だ。

●新製品製造時の危険予知活動

危険予知力を高めるもう一つの方法として、**「危険予知活動」**があります。

エラーモード分析（FMEA：5章38項参照）の結果を活用して、危険予知活動を組織的に進めるのは、効果的な活動です。

エラーモード分析では、問題の起こりそうな作業や業務の一連の流れを細かくステップに分解して、各ステップで想定されるエラーモード（エラーのタイプとか種類）を設定し、その原因を明確にします。

次に作業担当のメンバーで、エラーモード分析の結果をレビューし、作業ステップのどの段階で、また機器・装置のどこで抽出した原因がエラーに結びつくのかを確認します。

そしてエラーモードの原因ごとに、対策案を検討し、日々の危険予知に役立つ道具や手順などを設定し、準備するようにします。

対策案としては、治工具の製作などのハード的対応、そして作業手順の設定などのソフト的対応と合わせて、表示装置や操作装置に、ミスの発生を警告する種々の色分け表示、アラーム、メッセージやマークなどを設置すると効果的です（7章54・55項参照）。

●「危険予知チェックリスト」をつくる

危険予知能力とは「危険に対する感性の高さ」ともいえます。

危険を危険として認識し、受け止めることができれば、自ずからその危険を回避する行動に入れます。

たとえば、「照明が暗いから見間違いしそうだな」と感じれば、見間違いしないように、目を凝らして見ます。「隣のボタンに触れそうだな」と思えば、隣のボタンに触れないように注意深い動作をします。

このような危険への気づきをより確実に得るために、各人の担当作業に適した「危険予知チェックリスト」を作成しましょう。

これを作業開始時、休憩後などに自己確認すると、危険への認識も高まり、効果的です。

「危険予知チェックリスト」の例

私の危険予知チェックリスト		
変化点のチェック		私の気づきと注意点
1	**私自身に変化はないか?** ● 体調に変化はないか? ● 睡眠は十分か? ● 疲れは残っていないか? ● 気持ちは安定しているか?	
2	**相棒に変化はないか?** ● 相棒の体調はよいか? ● 相棒の気持ちは安定しているか?	
3	**機械に変化はないか?** ● 同じ機械か? ● 機械の加工条件は同じか? ● 機械の状況(動き、振動など)に変化はないか? ● 機械の清掃状況はよいか(取っ手は滑らないか)?	
4	**材料に変化はないか?** ● 材料ロットは同じか? ● 経験のある材料か?	
5	**手順に変化はないか?** ● 手順書に変更はないか? ● 新製品用の手順は明確か?	
6	**製品に変化はないか?** ● 作業経験のある製品や部品か? ● 精度･サイズは従来の製品と同等か?	
7	**作業環境に変化はないか?** ● 照明に変化はないか? ● 室温に変化はないか?	

職場環境や作業内容で、気になる点、ミスを起こした点などをチェックリストとしてつくる

朝一番、または作業の開始前にチェックした結果で気になる点を書き出し、自己意識づけをしてから作業に入る

SECTION 59

ヒヤリ・ハットはヒューマンエラー対策の宝の山

ヒヤリ・ハット情報を活かす❶

その重要性と情報収集

ヒヤリ・ハットは日常作業の中で数多く発生している。それを多く集めることが製造不具合対策の第一歩だ。

●ヒヤリ・ハットの重要性

ヒヤリ・ハットとは、問題に早期に気づいて対応し、製造不具合（品質不良、作業効率の低下、労災など）には至らなかった事象です。

したがって、製造不具合にいつ発展してもおかしくない事象であり、つまりは「ヒューマンエラーなどにヒヤリとしたり、ハッとしたりすること」です。

しかし、結果として製造不具合にならなかったので「よかったね」で終わらせてしまっては、同様の事象が再発した場合には、今度は製造不具合に発展する危険性も大いにあります。

●ヒヤリ・ハット情報とは

重大な製造不具合や事故を検証すると、その発生の前に多数のヒヤリ・ハットが生じているケースが多いのです（「ハインリッヒの法則」1章4項参照）。

次に紹介するのは、この典型例です。

▽ある作業を、実際にはやらなかったが、仮にやっていたら、製造不具合が発生したと予想されるケース。

例：間違ったスイッチを押そうとしたが、直前に再確認して気づき、結果的に製造不具合は発生しなかった

▽ある誤った作業を実際にやってしまったが、結果的に製造不具合にはならなかったケース。

例：間違った長さのボルトを使ってしまったが、それによっては使用上の不具合は起きなかった。顧客からのクレームもなかった

●ヒヤリ・ハット情報の集め方

ヒヤリ・ハット情報は、次のような理由でなかなか集まらない場合が多いので、これへの対策を検討することが必要です。

・ヒヤリ・ハット報告書を書くのが面倒くさい

・ヒヤリ・ハット報告書を出すことは、本人のプライドを傷つける

・ヒヤリ・ハット報告書を出すことで、仕事の評価が下がる

・現実には経験しているが、そのヒヤリ・ハットをリスクとして感じていない

・最初はかなり出てきたが、徐々にマンネリ化してきて出てこなくなった

なぜ、ヒヤリ・ハット報告書が出てこないのか

ヒヤリ・ハット報告書が出ない要因	対　策
報告書を書くのが面倒くさい	・報告書の様式を簡略化する ・現場リーダーがヒヤリ・ハットの経験をヒアリングで確認し、補足するようにする
報告書を書くとプライドが傷つく	・優秀な作業者だから、ヒヤリ・ハットで踏みとどめられたのだ。また、作業時の観察力が鋭いから気づくものだ、ということを周知・納得させる
報告書を出すことで、仕事の評価が下がる	・評価が下がるものではなく、逆に仕事への改善意識が高いとして、よい評価につながることを伝える
その事象をヒヤリ・ハットとして感じていない	・ヒューマンエラーへの感性を高める教育を繰り返し行なう [例]ヒューマンエラーを生む認知特性や作業環境の関係、ヒヤリ・ハット報告書の事例紹介　など
マンネリ化して出てこなくなった	・出てきたヒヤリ・ハット報告に対する対応を素早く行なう ・出てきた報告を朝礼などで褒める ・長期間ダラダラと集めるより、期間や作業・工程を絞り込んで募集する

ヒヤリ・ハット報告書

所属		氏名	
いつ			
どこで		どのようなときに	
ヒヤリ・ハットしたときの状況			

SECTION 60 ヒヤリ・ハット情報の活かし方

ヒヤリ・ハット情報を活かす❷

情報活用の道具づくり

ヒヤリ・ハット情報は本人にとっても貴重な気づき。共有化し分析することで、より対策が深まる。

●ヒヤリ・ハット情報の重要性

ヒヤリ・ハット情報は、次の二つの面で重要であり、製造不具合の低減に役立ちます。

一つ目は、ヒヤリ・ハット報告書を作成すること自体が、本人にとってヒヤリ・ハットの事象を振り返るきっかけになり、これにより本人のミスへの反省がしっかりとでき、これからの対応方向を考えることになります。

また報告書を作成することにより、ヒューマンエラーへの感性や気づき力もより高まり、ミスを予防するのに役立ちます。

●ヒヤリ・ハット情報の活用

二つ目は、その収集したヒヤリ・ハット情報を共有化したり分析して、再発防止に役立てることです。そのためには、ヒヤリ・ハット情報で、認知特性面や作業環境面などにどのような問題があったのかを明確にすることが必要です。

▽共有化

ヒヤリ・ハットの情報を収集したら、次のような方法で共有化を行ないます。

・情報提供者の職場の朝礼で、そのヒヤリ・ハット情報をケーススタディとして発表し、同様の作業を行なっている作業者に迅速に周知・共有化する

・「体験会」としてヒヤリ・ハットの内容をその現場で確認し、追体験して、リアルにヒヤリ・ハットを受け止め、意識の向上に役立てる

▽分析

ヒヤリ・ハット情報には、多くの再発防止対策のヒントが詰まっています。

ヒヤリ・ハット情報をできるだけ大量に集めて分析することで、はじめて明らかになる問題点が数多くあるでしょう。

たとえば、同じ時間帯に同じような事例が多く発生しているなら、技能教育内容や、作業マニュアルの見直しなどの対策が必要な場合があります。

ヒヤリ・ハットは、報告された個別の事象への対策を立てることも必要な場合がありますが、集められた情報によって、ヒューマンエラーのリスクを顕在化するためのツールとして活用することが肝要です。

ヒヤリ・ハット報告書の例

ヒヤリ・ハット報告書

所属	○○課△△係	氏名	田中一郎
発生日時	2022年8月25日（木）午後4時頃		
どこで	電装工場の組立現場		
ヒヤリ・ハットの内容	何をしていた	組み付け用の部品（端子）を選択していた	
	どうなった	制御盤の組み付け作業で、ワイヤーハーネスに使用する端子を指定のものと違うものを取り付けそうになった	

問題があったと考えられる状況は何ですか？

作業環境面では？	機械・冶工具面では？	材料・部品面では？	作業方法面では？	人の面では？（あなた自身には）
部品置き場の照明が暗かった		端子は類似形状のものが多数あり、品番は表示してあったが文字が小さかった		急いでいたため、よく確認しなかった

改善提案（会社と自分自身へ）	・照明を追加してほしい ・部品表示は品番だけでなく、端子タイプ別に色分けする ・類似部品があって、選択ミスしやすい部品は、取り出すときにストップ・ルックで確認する
上司のアドバイス	ストップ・ルックの実践は大事ですね。 確実に実行してください。 要注意部品には目立つラベルを付けてみたらどうですか。

SECTION 61

第一のヒューマンエラー対策は見える化だ

ヒューマンエラー防止活動を見える化で進める

ヒューマンエラー防止活動のPDCAを見える化すると、活動が活性化し、成果も確実になる。

●ヒューマンエラーと見える化

次のような点が明確にされて、職場で情報の共有化ができていると、ヒューマンエラーへの取り組み意識が向上します。

・ヒューマンエラーに起因する製造不具合が何件（または損失金額）発生し、月々の傾向はどうか。また改善目標（許容発生件数）をクリアーしているか

・工程ないしは作業別に、どこで製造不具合、または製造不具合に至らなかったヒューマンエラーが発生しているか

・その製造不具合が起きた重大な要因は何か

・重大な製造不具合の要因に対して、再発防止対策は発動しているか。その対策の進捗状況はどうか

●見える化の推進ポイント

改善活動や日々の生産活動のPDCAの各段階の内容・状況を共有化して進めることが、見える化手法の基本です。

PDCAの各段階が見えること、すなわち職場の全員で情報の共有化をすることにより、活動の目的を確実に、かつ着実に達成できるようになります。

ヒューマンエラー防止活動では、計画［P（Plan）］として、製造不具合や防止されたミスの件数などを目標として設定し、実際に生じた製造不具合などの結果を記録・把握［D（Do）］します。

そして製造不具合の発生状況を評価［C（Check）］して対応すべき事項を明確にし、再発防止策として是正［A（Act）］します。

ヒューマンエラー防止活動では、結果として発生してしまった製造不具合だけでなく、そこには至らなかったミスも改善対象として取り上げることが望ましいといえます。

このようなミスを収集するのは手間もかかりますが、ヒヤリ・ハットの一つとして扱うようにします。

このPDCAの各段階を確実に推進するために、管理の道具立て（管理板や帳票など）を準備して、その道具立てを中心に管理活動を展開し、管理の目的を実現していくことがポイントです。

見える化の考え方

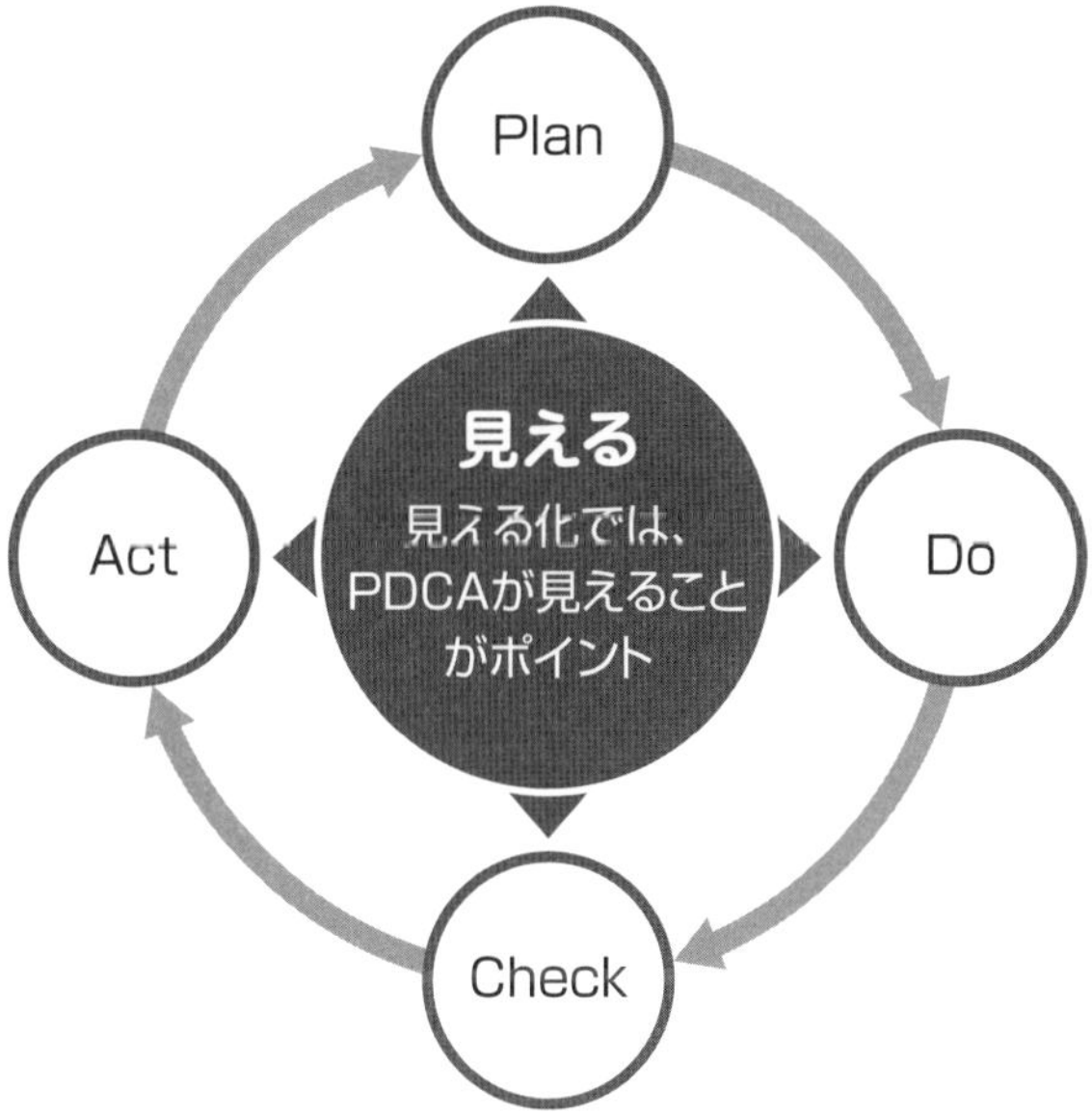

見える化運用のルール（例）

	誰が	いつ	どのように
計画	ライン長	毎週金曜日	・来週の製造不具合達成目標の設定 ・月間目標数より設定
実績	担当者	11時、3時	発生した製造不具合数を製品別、工程別に記入
処置	ライン長	実績記入後	対策案や注意事項の記入

組み立て工程 ヒューマンエラー発生件数推移

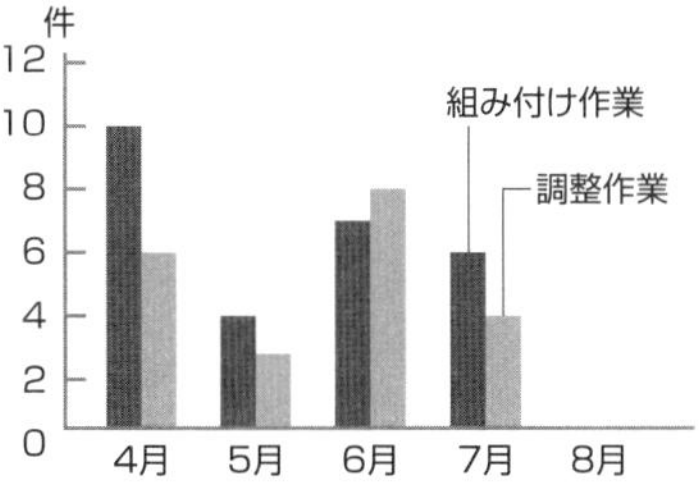

7月度 ライン別ヒューマンエラー発生件数

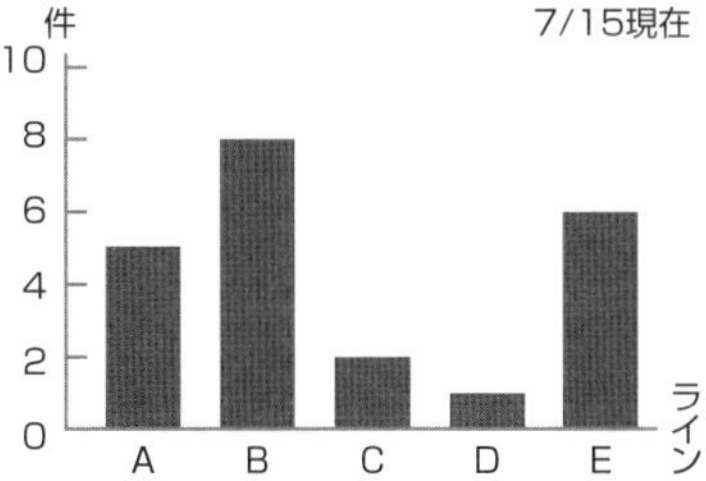

SECTION 62

設備保全は
縁の下の力持ち

設備・冶工具の保全管理を見える化で進める

ヒューマンエラーの重要な要因の1つが、設備の不具合だ。設備保全が適切に行なわれていると、ミスも低減する。

●設備・冶工具と製造不具合

設備や冶工具に次のような不具合があると、操作ミス、調整ミスなどを起こし、予定どおりに加工数量が上がらなくなり、結果として焦りを招き、直接、ヒューマンエラーとなったり、ヒューマンエラーを招く要因となったりします。

・設備レバーやハンドルなどの操作が楽にスムーズにできない
・設備の動き（動作）が滑らかでない
・設備可動部の摩耗などにより、精度が低下している
・機械の運転時の振動が大きくなり、所定の精度や性能を発揮できない
・設備のビスや部品が落下したり、緩んでいる

●設備・冶工具の保全と見える化

設備にこのような不具合が発生しないように、また不具合を初期の段階で発見し、製造不具合に発展しないようにするために、設備・冶工具の保全活動が必要となってきます。

設備・冶工具の保全活動の狙いは、

・故障・チョコ停による稼働率低下というムダの防止
・性能劣化による加工速度低下や品質不安定化のムダの防止
・冶工具などを探しまわるムダの排除

などです。

設備・冶工具の保全活動は、次のように見える化の手法を活用して展開するのが効果的です。

●見える化の推進ポイント

設備の日常点検を行なう場合は、日常点検の計画［P（Plan）］として、点検項目や基準などを決め、点検を実施［D（Do）］し、その結果を記録します。

そして点検実施結果を評価［C（Check）］して、対応すべき事項（問題点）を明確にし、その対応（改善）計画を決め、是正［A（Act）］します。

このPDCAの各段階を確実に推進するために、管理の道具立て（日常点検管理ボード、定期点検計画実績表など）を準備して、職場では朝礼時などに、この道具立てを中心に保全管理活動を展開します。

ヒューマンエラーに関連する設備・冶工具管理

予防保全（いつでも使える）

- **日常点検**：日常点検チェックリスト、点検箇所表示
- **定期点検**：保全点検カレンダー、重点保全設備表示

稼働管理（使い切る）

- **稼働状態管理**：稼働状態表示灯
- **稼働率管理**：稼働率管理板
- **故障管理・チョコ停管理**：故障・チョコ停発生グラフ

設備・冶工具管理の見える化のイメージ

設備・冶工具管理の道具立て例

点検箇所表示

保全点検一覧図

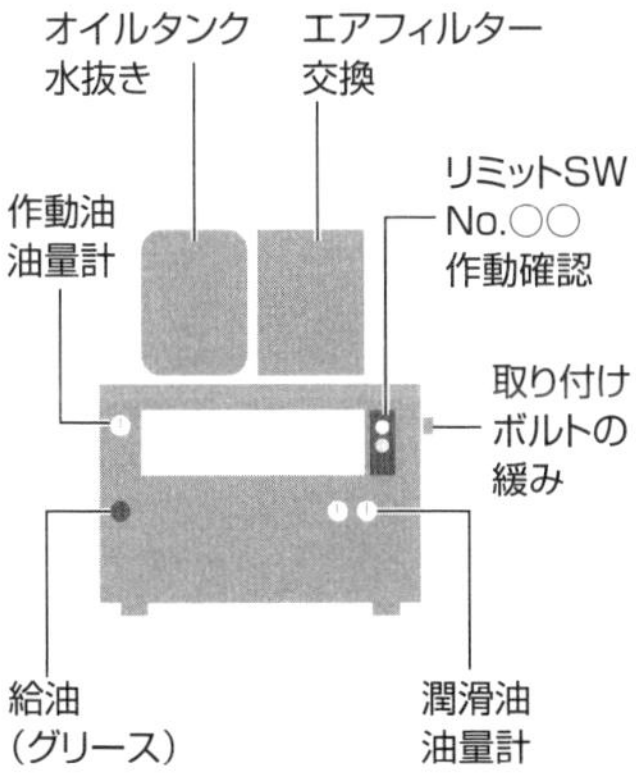

日常点検チェックリスト

	箇所	基準	方法
清掃	成形機	汚れていないこと	ウェスで拭く
	シュート		
	コンベア		
点検	作動油	油量計緑目盛内	目視
	冷却水	水もれがないこと	目視

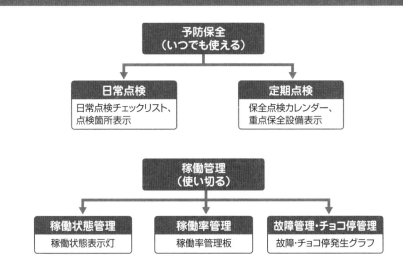

SECTION 63

人のメンタル状態は作業負荷でも変わる

工程管理を見える化で進める

作業者が安定的な作業を行なえるように、一連の工程管理の中で作業負荷の安定化を図る。

●工程管理とヒューマンエラー

現場で各作業者に作業を指示する場合は、「適切な作業順位、適切な作業量（いつまでに、何を、何個作業するか）を具体的に指示する」ことが、工程管理として仕事の管理（作業効率や納期順守）をするうえで重要です。

このように具体的に仕事の指示を出すことは、作業者の過負荷を予防し、作業者の納期遅れに対するプレッシャーの軽減につながります。

結果として、作業者は安心して落ち着いた精神状態で仕事に取り組むことができ、これがヒューマンエラーの発生を予防する面で役に立ちます。

ここで適切な作業量とは、ＩＥでいうところの標準時間である、

「その作業に習熟している作業者が良好な作業環境、決められた作業条件、適切な余裕のもとで、正常なペースで所定の作業方法により仕事を遂行するのに必要な時間」

に基づいて設定した作業量です。

●工程管理と見える化

見込み生産の工程計画を立てる際には、生産計画を達成するために、日程計画を立案します。

その日程計画は作業負荷面から適切性を検証し、無理のない負荷になるように日程を調整し、計画を確定します。

その確定日程計画に基づいて職場の監督者は、作業着手日の直前に、「誰が、いつまでに、何を、どの機械で何個作業するか」を、できるだけ細かい時間単位で具体的に指示する、作業着手指示（差立て）を出します。

この差立てを作業の指示・計画［Ｐ（Plan）］として見える形で示し、これにしたがって行なった作業実績を実施［Ｄ（Do）］として明記します。この作業実績結果を評価［Ｃ（Check）］して、本日の予定量を達成できないといった状況が判明した場合には、その対応（改善）計画を決め、是正［Ａ（Act）］します。

この各段階を、管理の道具立て（差立て板、日程進度管理板など）を整備して、道具立てを中心に工程管理を展開し、有効な管理を実現していきます。

工程管理の見える化

工程管理の流れと見える化

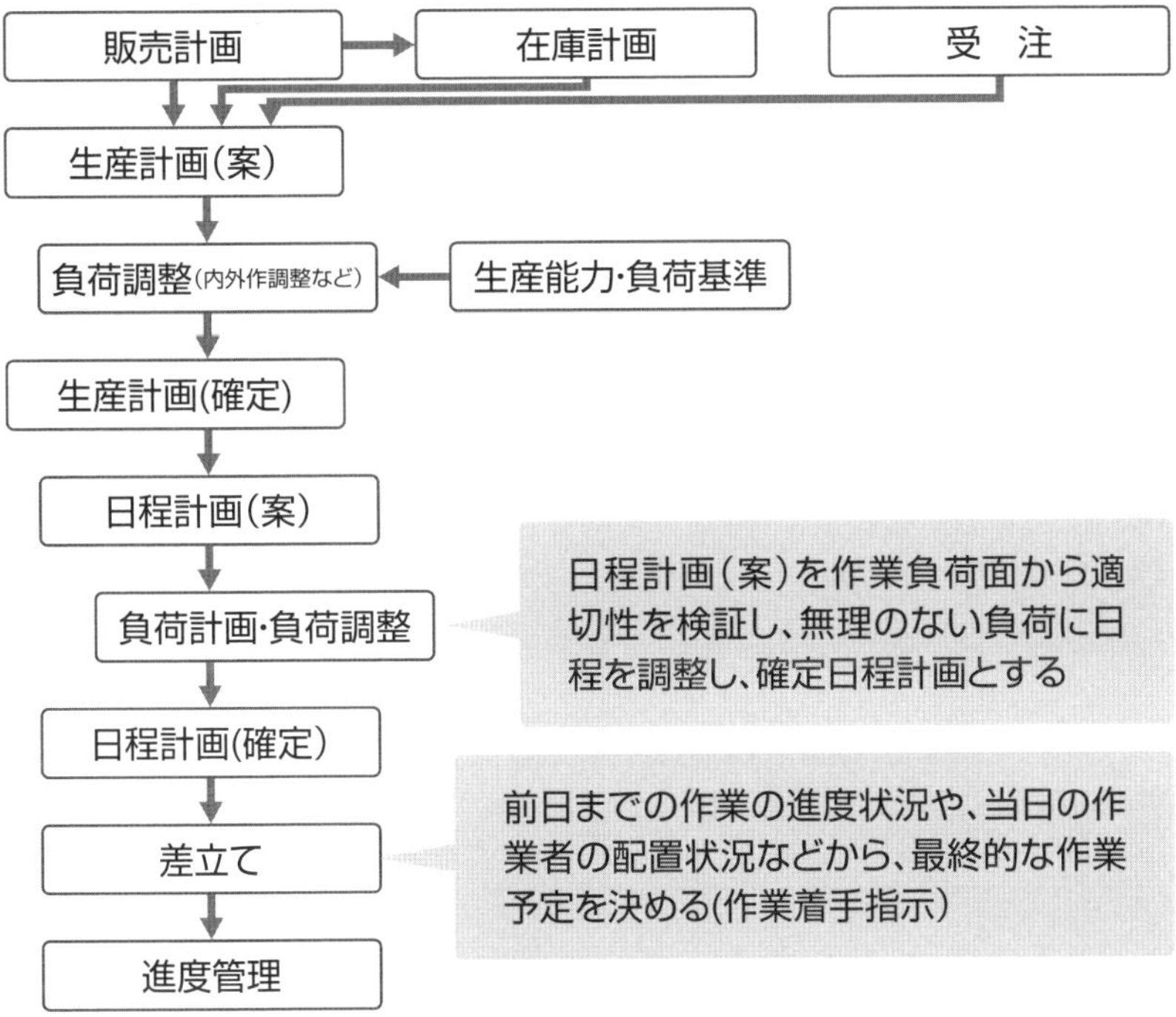

工程管理の見える化のイメージ

日程管理板

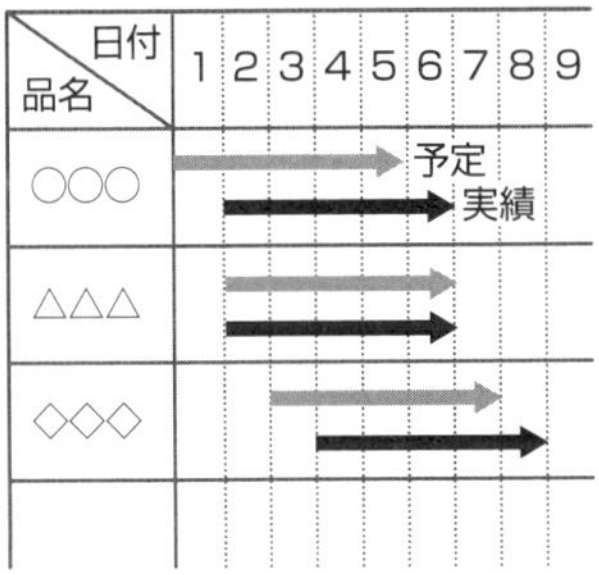

作業進度管理板

時間	計画	実績	差異	問題点
8~9	100	95	−5	
9~10	100	98	−2	
10~11	100	102	+2	
11~12	100			
1~2	100			

SECTION 64 人間管理がリーダーの仕事

職場の人間の健康マネジメント

部下の心身の状態が作業の質を左右する。第一線の監督者は、常に作業者の心身状態を把握することが大切。

●リーダーの役割とメンバーの健康

リーダーの主要な役割は、仕事の優先順序を決め、部下一人ひとりの仕事を決めて指示し、予定どおりに完遂できるように工程管理を行なうことです。

予定どおりの工程管理ができるか否かは、仕事を担当する部下の心身状態が大きく影響してきます。これには病気だけでなく、疲労、睡眠不足、精神的不安定なども含まれます。

リーダーは部下の能力レベルを把握していなければ適切な作業の割当て（適正配置）ができないし、指示の仕方、指導の仕方（内容、方法）も適切にはなりません。

しかし部下の能力レベルは、心身の状態によって毎日変化します。

風邪をひいて熱がある、頭が痛い、といった身体の不調から、家庭でのトラブルなども仕事に影響してきます。

これらの心身の状態が作業の仕方、職場の人間関係、監督者と部下との関係にも影響して、作業時のミスとして現われるのです。

リーダーは毎日、部下と接しているので、部下の顔色、態度、言動を見ればその変化に気づくはずですから、これを見逃してはいけません。

部下の健康管理も、リーダーとしての重要な役割としてとらえることが大切です。

●リーダーの健康マネジメント

そこでリーダーの大切な責務として、朝礼時や作業前ミーティング時に、メンバーに健康状態を自己申告させたり、一人ひとりの健康状況を観察したり、問いかけたりして把握し、適切な対応を取らなければなりません。

具体的には、次のような朝礼ミーティングを行なうと効果的です。

①メンバーを円陣に並べ、一人ずつ挨拶をさせる。

②整列から挨拶までの間に、メンバー全員の姿勢や表情を観察し、挨拶の声を聞く。

③気になるメンバーがいれば、個別に問いかけ、メンバーの答えた内容を聞いて、適切な処置を取る。

朝礼での作業者の健康確認

職場リーダーの現場マネジメントとして行なう

おはよう!!
今日も元気に、
朝の挨拶から始めよう
今日の挨拶は
田中君からだね

朝礼での健康面の問いかけ項目

- よく眠れたか?
- どこか痛いところはないか?
- 食欲はあるか?
- 夜更かしをしていないか?
- 遅くまで飲んだか?
- 熱はあるか?
- 医者に診てもらったか?
- すっきり起きられたか?
- だるさはないか?
- 食事はおいしいか?
- 疲れはとれたか?
- 飲みすぎていないか?
- 動悸がするようなことはないか?
- 薬を飲んでいるか?

朝礼でのリーダーの部下観察項目

- 集合…………集合に遅れず、パッパッと歩いてきたか
- 姿勢…………背筋が伸びて、シャキッとしているか
  下を向いてうなだれていないか
- 動作…………動きはキビキビとしているか
- 顔・表情……顔色はよいか、むくんでいないか
  表情はイキイキしているか、明るいか
- 目……………目はキリッと力があるか、血走っていないか
- 会話…………ハキハキとしているか、声の大きさはよいか、声にハリはあるか

SECTION 65 労働安全はすべてに優先する

労働安全対策❶

不安全行動への対策

不安全行動の撲滅は、その発生を認知特性の面から分析し、対策につなげる。

労働災害の直接原因の側面としては、「不安全行動」と「不安全状態」の二つがあります。

●不安全行動とは

不安全行動とは、「本人または他人の安全を阻害する意図を持たずに、本人または他人の安全を阻害する可能性のある行動が意図的に行なわれたもの」で、ヒューマンエラーです。

この不安全行動は、認知特性面の、次のような問題点がきっかけとなって起きています。

▽知覚・認知の段階

・見えなかった、聞こえなかった

・気がつかなかった

▽記憶・判断の段階

・忘れていた、知らなかった

・大丈夫だと思った、疲れていた

・慌てていた、イライラしていた

▽行動の段階

・無意識に手が動いた

・やりにくかった

・体のバランスを崩した

●不安全行動の危険な現象

前述の不安全行動のきっかけの状況や情報が、不安全な作業や動作を引き起こし、不安全行動へとつながります。

不安全行動の多くは、手間や労力、時間やコストを省くことを優先する、次のような思いから出現します。

▽危険の軽視による近道行為・省略行為……「忙しいので、クレーンが吊り上げている下を通って次工程に行こう」「面倒なので圧力装置の電源は、入れたままにしておこう」

▽慣れや過信による安易な判断……「長年使用しているので、事故を起こすはずがない」「このクランプ装置は圧力4kg／㎠で十分だ」

▽うっかり・ぼんやり・思い込み……同僚が電源を切ったと思い込んで作業を始める

●不安全行動の抑止方法

このような不安全行動の抑止は、認知特性面での、前述の問題点を発生させない対策を実施していくことです（9章参照）。

労働安全対策①不安全行動への対策

不安全状態による労働災害

- はさまれ、巻き込まれ
- 転倒
- 転落
- 切れ・こすれ
- 高温・低温部などとの接触
- 感電・爆発

↑

現象

- 危険の軽視による近道行為・省略行為
- 慣れや過信による安易な判断
- うっかり・ぼんやり・思い込み

不安全行動に対する危険な現象

8章66項の図表参照

↑

起因

認知特性面の要因

- 知覚段階のミス
  - ➡ワイヤーの傷の見逃し
  - ➡薄暗くて文字が読みづらい
  - ➡騒音が大きく、指示を聞き間違える
- 判断段階のミス
  - ➡ワイヤーは破断しないだろう、クランプ圧力は4kg/㎠で十分だ、という判断ミス
- 思い込みによるミス
  - ➡この装置が事故を起こすわけがない、という思い込み

意識レベルの低下

記憶の喪失

誘因

マネジメント面の要因

- 不安全状態の把握・改善が不十分
- 不安全行動への厳しい指導が不十分
- 監督者の部下の把握や配慮の不足
  - ➡部下の能力、健康・心身の状態の把握、管理監督者と部下・部下同士のコミュニケーション、作業方法や態度への指導の不足　など
- 安全ルールの設定不備、周知不十分

職場風土

- 職場や作業者の安全意識が低い（安全対応よりスピード、納期を優先）
- 安全ルール無視をもてはやす風潮
- 安全対応でチームワークが不十分（相互チェック、相互注意が不十分）

職場環境

- 照明が暗い、騒音が大きい
- 安全柵、安全カバーなどの不備
- 危険場所や危険箇所の表示が不備

SECTION 66 不安全状態は排除するか、近づかないか

労働安全対策❷

不安全状態への対策

不安全状態は地雷原。マネジメント面での排除と隔離、作業者は安全意識の向上で乗り切る。

●不安全状態の例

不安全状態とは、労働災害を直接生む危険性のある設備などの状態です。

▽設備・機械・治工具

・回転部、可動部などに安全カバー、保護柵や安全装置がない
・操作面で見間違い、押し間違いを生じやすい構造
・設備・機械の不具合の放置
・安全通路の確保などの、安全な現場レイアウトの未整備

▽作業環境・作業方法

・温湿度、照明、騒音、振動、有害粉塵などの適切な管理が不十分
・ピット周りの落下防止柵の未設置
・5Sが徹底していない（不要品基準、手持ち基準）
・無理な姿勢、過剰な動作の作業の改善が未徹底（6章46項「動作経済の原則」参照）

▽危険物・有害物の保管管理の実施や、管理責任者の指定などを適切に行なっていない

●不安全状態の発生要因と対策

モノの状態は正直で、モノ自体が勝手に事故を起こすことはなく、事故を起こす要因は人によってつくられるか、モノとモノとの作用によって起こります。

このようなモノの実態に対し、管理監督者や作業者は事前の安全対策、安全確認を行なうことが大切です。

▽管理監督者による安全管理

管理監督者は、定期的に、また4Mの変化があるときにはとくに、危険な状態が発生していないかを確認し、危険な状態は作業着手前に確実に安全処置、危険表示、立ち入り禁止処置を完了させるようにします。

▽作業者自身による安全意識の向上

作業者自身も、各作業動作の開始前に、次のような点を確認してから、動作開始を行なうようにします。

・安全服装基準に従っているか
・正しい作業方法、手順に従った方法か
・安全上の順守事項（安全ルール）に従っているか
・設備の不安全状態の確認をしたか

労働安全対策②不安全状態への対策

不安全行動の例

- 定められた保護具を使用していない(ヘルメット、安全メガネ、耳栓など)
- 動いている機械に手を入れる
- 機械・装置などを指定外の条件で使用する
- 運転中の機械・装置の掃除、注油、修理、点検などを怠る
- 設備・装置の不具合が放置されている
- 危険な場所(モノの落下地点など)に接近する
- スピードの出し過ぎ
- 代用の工具を使う
- 誤った作業動作をする
- 安全装置、安全カバーをはずす　　など

指導・教育は安全活動の第一歩

指導・教育の重要性

決めたことを“ナゼ”守らないのか？　「決めたことを守らない」要因は3つある

①知らない……知識がない
②できない……技能が未熟
③やらない……認識(心構え)が悪い

→ 教育➡理解➡納得➡行動

これらに対して、知識面、技能面、認識面の指導・教育を行なう

“決めたことを守らない”を引き起こす管理監督者サイドの要因は何か?

↓

①安全ルールについて、それが“ナゼ”必要か説明ができない

②厳しいふりはするが、きちんと注意することができず、見て見ぬふりをする

③“危ない／危なくない”の判断基準があいまいで、作業者任せにしてしまう

④安全ルールを率先垂範していない

COLUMN 8

コミュニケーションとヒューマンエラー

仕事は、「指示・命令→実施→報告」というサイクルを踏んで行なわれます。このサイクルを成り立たせているのは、いうまでもなく言語情報（言葉）であり、広い意味でのコミュニケーションです。

このコミュニケーション、とくに指示・命令のコミュニケーションが的確に行なわれないと、誤った仕事・作業が行なわれてしまいます。

さらにコミュニケーションを効率よく、的確に行なうには、言葉を補うモノ・コトや状況などへの共通認識が必要です。

家族や友人といった関係であれば、緊密な共通認識のもとに的確なコミュニケーションができても、仕事の場面では共通認識を相互に持っているとは必ずしもいえず、指示・命令を出す者、受け止める者それぞれが勝手な解釈をしてしまう危険性があります。

ヒューマンエラーを起こさないためには、現場で相互の勝手な解釈が生じないようにすることが大切であり、具体的には次のような点に気を配って、言葉で情報を的確に伝える意識的なコミュニケーションを心がけたいものです。

・「アレ」「ソレ」「ソコ」などの不明瞭な指示語は避け、「○○タンクの減圧バルブ」「8mm のビス」「冶工具棚の表示位置」などと、具体的な名称で指示する
・寸法や重量などは、「前回の寸法で」「同じ重量で」のような曖昧な指示は避け、キチンと数値で伝える
・位置やモノの形などの情報は言葉で伝えるのはむずかしいので、図面や指示書などを用いて伝えるようにする
・「すぐに出荷できます」「すぐに出荷できません」など、日本語は文章の最後で意味がまったく逆になることもあるので、語尾を明瞭にして、聞き間違いを避けるようにする

9章

ヒューマンエラー早期発見への道

SECTION 67

発生防止がむずかしい場合は早期発見を

早期発見の類型とエラー

エラーの早期発見には「異状」に対する感性を高めること。異状を異状として認識できる仕組みが欠かせない。

●業務にミスを防ぐ仕組みを組み込む

「誤りを起こす仕組み」が人間の認知特性として、構造的に組み入れられています。このため、私たちが業務や作業などに深く関わるほど、誤りを犯す可能性が高くなります。

ヒューマンエラーを起こそうとして行動する人はまずいません。

つまり、本人に対し「ミスしないように注意しなさい」という言葉だけの教育や指導では、ミス発生を防ぐことはむずかしいのです。

したがって、業務や作業の中に、ミスを防ぐ具体的な仕組みを組み込むことが必要となります。

●ヒューマンエラー防止対策の方向

ヒューマンエラーの防止対策には、**発生防止対策**（6～8章参照）と**早期発見対策**があることは前述しました。

ここでは「早期発見」として、ヒューマンエラーが発生した後に、早期に見つけ修正することにより、重大なミスや不具合に至らないようにする方法を検討します。

すなわち、ヒューマンエラーやミスが発生しても、製造不具合にならないようにする工夫です。

●早期発見の進め方

作業者にエラーを早期発見させるには、作業時に異状に対する「気づき」を早め早めに持たせることが必要です。そのために「脳に刺激を与える」「あえて手間を加える」ことも必要です。

製造不具合での最大の課題である「品質」に関しては、これに影響をおよぼす経営資源として次の四つの「変化点」があります。

①Man（人）
②Machine（設備・機械・道具）
③Material（材料、製品）
④Method（方法、技術・ノウハウ）

変化点が発生したということは、作業実施時に、不具合を生じる可能性のある異状が発生したといえます。言い換えると「変化点の発生」は、品質不良発生の警告です。品質不良が発生しないように、これらへの「気づき」を早めに持てるような対策を取ることが必要です。

ヒューマンエラーの早期発見法

早期発見の類型

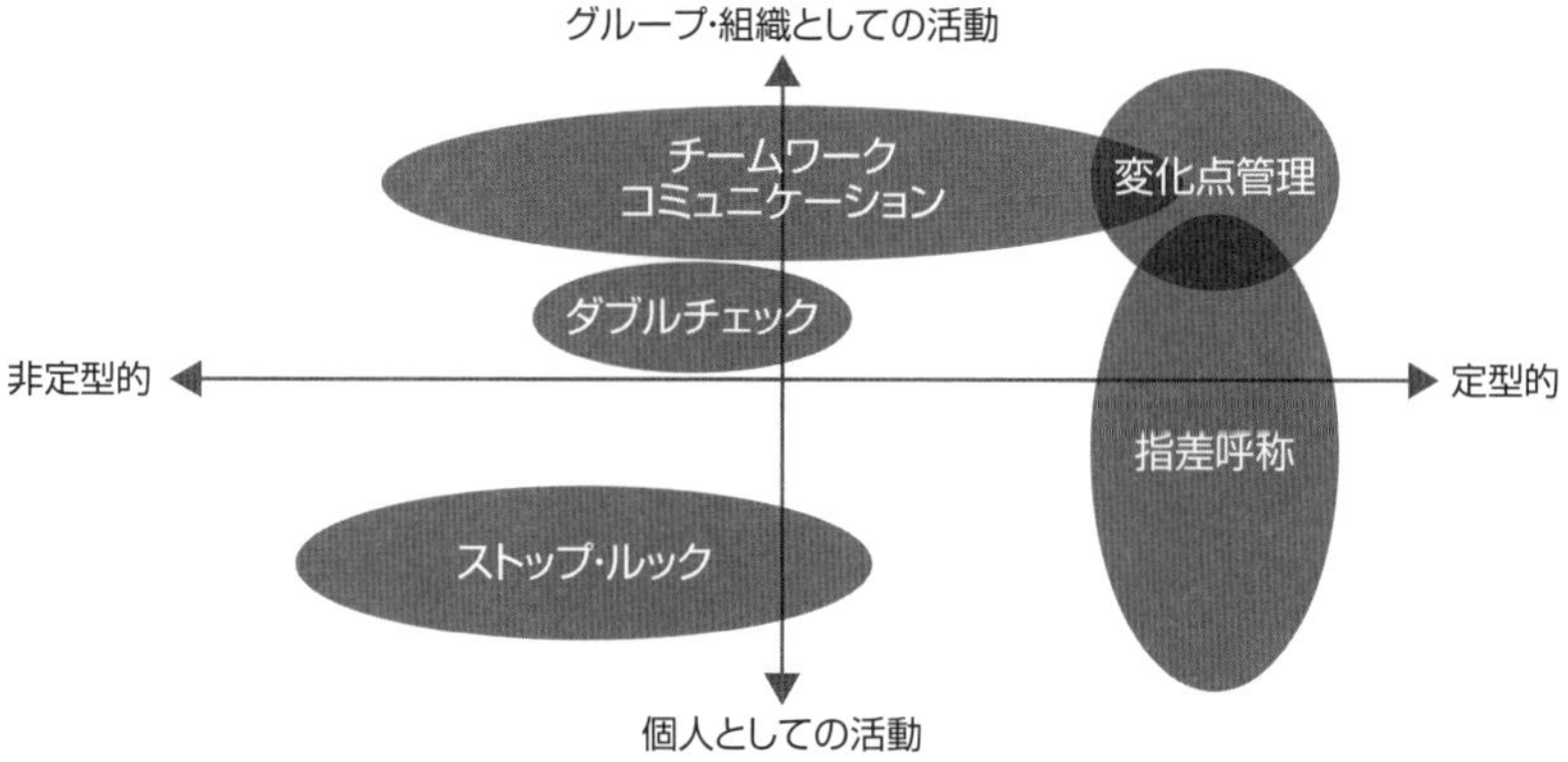

方法	内容	具体例
セルフチェック	作業者が自分で気づく	● 指差呼称 （しさこしょう・ゆびさしこしょう） ● ストップ・ルック ● ダブルチェック
チームチェック	仲間・メンバーが気づく	● ダブルチェック ● ツール・ボックス・ミーティング ● チームワークの向上 ● 変化点管理

変化点管理の進め方

変化点管理は次のような方法で、見える化して実施するとよい。

❶ 4Mの変化点情報を収集する
❷ 変化点管理ボードを設置し、そこへ変化点情報を記載する
（見える化）……管理ボードは、朝礼を実施する場所や、作業者の目につくところに設置することが重要
❸ 朝礼等で変化点内容を作業者に周知徹底する
❹ 実施内容の確認……変化点への対応策が確実になされているか、現場リーダーは確認する

SECTION 68

ヒューマンエラーを早期発見する知恵を活用する

指差呼称によるミス防止

指差呼称は不注意や錯覚などの早期発見に、実戦的で実績のある、役に立つ手段である。

●指差呼称の有用性

指差呼称は、ミス防止のためのセルフチェックの一つです。

指差呼称では自らの動作や作業を確認するのに、ただ単に目で見て、頭の中で確認するだけでなく、「指差しを行ない、その名称と状態を声に出す」ことにより、意識レベルを高い状態に切り替えて行動や作業を確認します。

これにより確認の精度が高まるので、有効なヒューマンエラー防止方法として活用されています。

指差呼称は、そもそも日本国有鉄道（国鉄）の運転士が行なった信号確認の動作に始まった安全確認動作です。

この安全確認動作は、その後有用性を認められ、鉄道の安全面にとどまらず、製造業や建設業でも広く活用されるようになりました。

●指差呼称の効果

指差呼称には次のようなエラー防止効果があります。

▽**指差しによる効果**……確認対象に視線を能動的に向けることで、見間違いを防止できる

▽**タイムラグ効果**……知覚と反応の間に指差呼称を挟むことで、反応が遅延し、先急ぎの気持ちや焦り、慌てなどによる焦燥反応を抑止できる

▽**呼称による効果**……耳からも名称が入ることで、エラーに気づきやすくなる

▽**エラーモニター効果**……人間の感覚を総動員するため、認知の精度が高まる

▽**覚醒効果**……口や腕、手などを動かすことにより、大脳の活動レベルが上がり、ぼんやりが防止できる

●指差呼称の効果確認実験

１９９４年に鉄道総合技術研究所で、指差呼称の効果確認実験を行なったことがあります。

その実験によると、「指差しと呼称を、ともに行なわなかった」場合の操作ボタンの押し間違いの発生率が2・38％であったのに対し、「指差しと呼称を、ともに行なった」場合の押し間違いの発生率は0・38％となり、押し間違いの発生率が、約6分の1となったという結果が出ました。

指差呼称のやり方

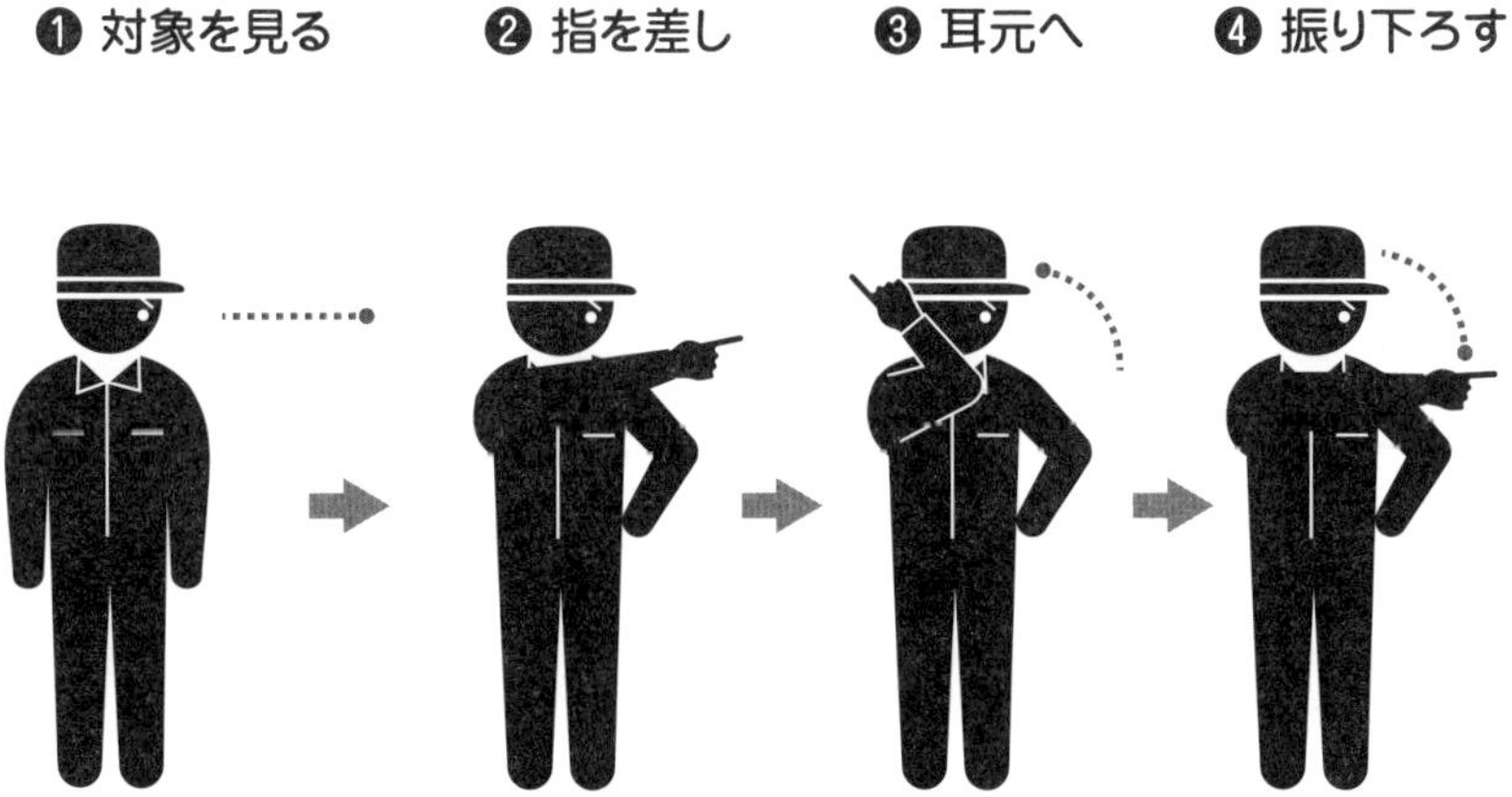
❶ 対象を見る
❷ 指を差し
❸ 耳元へ
❹ 振り下ろす

指差呼称は以下の手順で行なう

❶ 対象をしっかり見る

❷ 対象を指で差す

呼称する項目を声に出しながら、右腕を真っ直ぐに伸ばし、対象から目を離さず、人差し指で対象を指差す
指を差す際、右手の親指を中指にかけた「縦《たて》拳《けん》」の形から、人差し指を真っ直ぐに突き出すと、指差しが引き締まる

❸ 差した指を耳元へ

差した右手を右の耳元まで戻しながら、「本当によいか（正しいか、合っているか）」反芻し、確かめる

❹ 右腕を振り下ろす

確認できたら、「よし!」と発声しながら、対象に向かって右腕を振り下ろす

❶～❹の一連の動作は、左手を腰に当て、背筋をピンと伸ばし、キビキビと行なうことが奨励されている

SECTION 69

重要ポイントを明確にして確実に行なう

指差呼称の実施上のポイント

指差呼称を行なう対象をヒューマンエラーの発生リスクの面からよく吟味して決め、その対象に向かって声に出し、指を差して確認する。

●指差呼称の実施場面

指差呼称は作業や行動の要所で実施しますが、その実施するポイントを、あらかじめそれぞれの作業の中で設定しておくことが肝要です。

指差呼称を行なうポイントとして、次の点があげられます。

・これまでミスを起こした行動
・ミスをしたら重大な製造不具合に結びつきそうな行動
・複雑あるいは難易度の高い行動

このような行動のポイントで、次にあげるような点を確認します。

▽**人について**……自分自身の作業位置、作業結果、作業方法や作業姿勢など
▽**モノについて**……計器類、冶工具の状態、部品の位置など

●指差呼称の例

指差呼称は次のように、作業上のポイントを声に出して確認します。

・**冶工具での加工準備の場合**

「クランパーの締め付けよし！」「芯出しよし！」などとワークの取り付け状態を確認しながら、人差し指で差して指差呼称します。

・**操作ボタンの操作の場合**

「バルブ開ボタンよし！」「プレスショットよし！」など。

・**部品選択の場合**

「品番“M23412”よし！」「部品外周に傷なしよし！」など。

●指差呼称の展開時の問題

指差呼称運動を始めるときには、「目立つ動作をしたり、声を出すのが恥ずかしい」とか、「そもそも各自がよく注意していれば問題ない」といった思いから、なかなか浸透しない、定着しないという問題があります。

このような恥ずかしさや照れくささを乗り越えるために、次のような努力が必要です。

・指差呼称のやり方、効果などについて教育・訓練を実施する
・指差呼称する対象項目を職場で話し合って決める
・実践方法などについて職場で話し合い、必要性の認識を向上させる
・職場リーダーが率先垂範する

指差呼称の効果についての確認実験結果

確認方法	操作ボタンの押し間違いの確率
指差し、呼称のどちらもしなかった場合	2.38%
指差し確認のみをした場合	0.75%
呼称確認のみをした場合	1.0%
指差呼称をした場合	0.38%

（鉄道総合技術研究所での実験 1994年 より）

SECTION 70 ストップ・ルックは仕事の習慣

ストップ・ルック（作業の停止・確認）の活用

作業はやりっぱなしではダメ。自己チェックとして「ひと作業、ひと確認」を実行しよう。

●ストップ・ルックとは

日常的に繰り返し行なう慣れている作業では、作業者の意識レベルが低下し、ミスを生じる危険性が高いことがわかっています。

このような状況から抜け出すには、いったん作業を途中で意識的に停止（ストップ）して、作業・動作の状況を確かめる（ルック）、「ストップ・ルック」が効果的です。

このいったん停止により、脳の情報処理の流れが一時的に「ストップ」され、「ルック」することで脳に刺激が与えられ、正しい状況認識ができ、ミスの早期発見・早期アクションにつながります。

●ストップ・ルックのやり方

ストップ・ルックは、日常的な作業を「作業・行動→チェック」の繰り返しで行なうよう習慣化することが大切です。

言い換えると、仕事の基本的な習慣として、**「ひと作業、ひと確認」**をこまめに、次のようなポイントで行なうようにします。

▽**ストップの取り方**……節目の動作の前や後でストップします。気軽に頻度多くストップすることが大事です。

とくに品質や安全に直接関連する動作の後や、過去にミスした動作の前後には、ストップするようにします。

▽**ルックの仕方**……今の作業・動作は正しく行なったか、動作の結果に問題はないか、普段と違う状況はないか、疑問点はないかを振り返り、確認します。

●ストップ・ルックの習慣化

ストップ・ルックは、指差呼称ほど手順化や定型化がされていない簡易な自己チェック法なので、習慣化していないと行なわれない傾向があります。

そこで職場リーダーは、ストップ・ルックするポイントについて朝礼で確認したり、各人に今日の作業のストップ点をいわせるなどの教育・訓練を行なう必要があります。

また、より確実なストップ・ルックのために、重要なポイントでは、「チェック表にチェック済マークをつける」「チェック後に確認ラベルを裏返す」などで見える化すると効果的で確実です。

ストップ・ルックのやり方

「ひと作業、ひと確認」

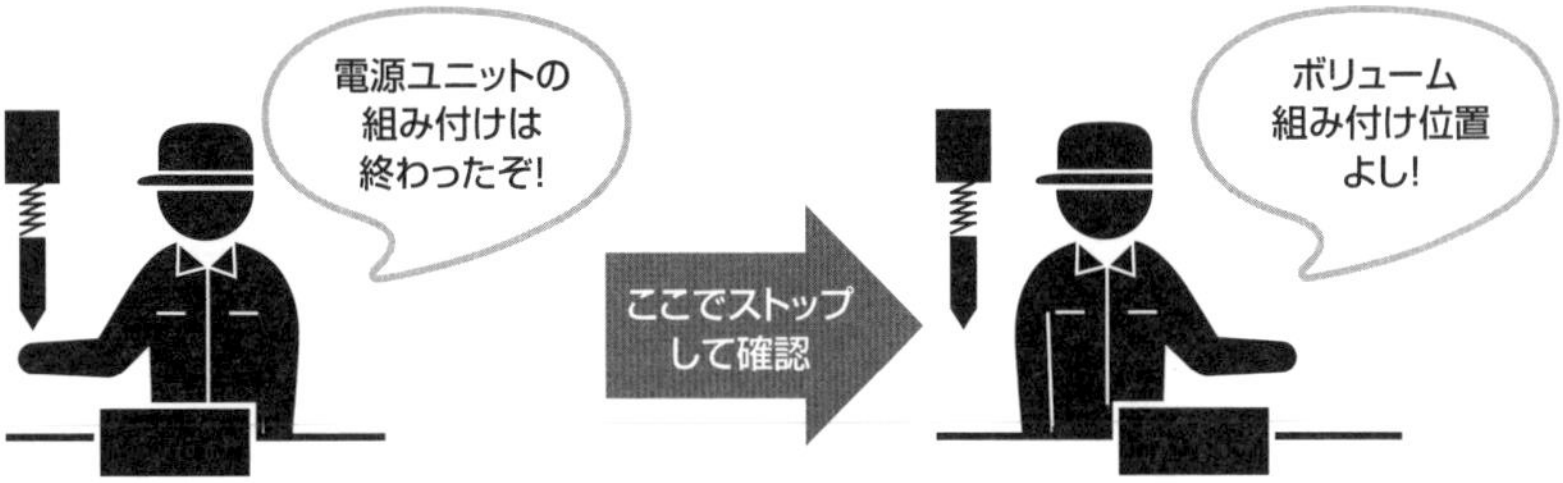
電源ユニットの
組み付けは
終わったぞ!
ここでストップ
して確認
ボリューム
組み付け位置
よし!

作業手順書にストップ・ルックするポイントを示した例

作業手順書		
作業名	#1穴あけ	
部品・材料	品番:123−456 品名:L型部品 材質:S45C	
治具・工具	ボール盤　　ドリル(Ø4.5)	
作業のステップ	**急所** (ストップ・ルックポイントは右端の☆マーク)	
1 部品を取付具に固定	● 加工面を上にして、メガネスパナを使用	☆
2 取付具を穴あけ位置まで移動	● ストッパーに当たるまで	☆
3 ドリルを切り込む	● ドリルは部品の3ミリ程度手前から、ゆっくりと送る ● ヘッドがストッパーに当たるまで	
4 取付具を引き出す	● ドリルを十分引き上げてから	☆
5 部品を取り出し、切粉を除く	● 取付具を逆さにして取り出す ● 切粉はブラシで取り除く	
6 部品を完成品箱の中に置く	● 縦板を左にしておく	

SECTION 71 ダブルチェックにはやり方がある

ダブルチェックの活用

ダブルチェックはミスの早期発見の効果的な方法だが、その効果を生むには、方法・タイミングの工夫が必要。

●ダブルチェックの問題点

ダブルチェックは複数回チェック（確認）することで、ミス発生の確率を大きく削減する方法です。

しかし、ダブルチェックには次のような問題点があり、これを克服する工夫が必要です。

▽人は同じようなエラーをする

同じ職場にいる人（同僚や上司）が他の人の作業を同じようにチェックしても、エラーを見逃す傾向があります。

▽人は相手に頼ってしまう

複数の人がチェックすると、つい他の人に頼ってしまい、各々が確実なチェックをしない傾向があります。

●ダブルチェックのやり方

ダブルチェックには、二つの基本パターンがあります。それぞれのやり方については、次のような工夫をする必要があります。

▽一人で2回チェックする

・チェックリストを使用するチェックでは、1回目は上から、2回目は下からチェックする、というようにチェックの方法に変化を持たせる
・1回目と2回目の間に、別の作業や動作を挟む

▽異なる人がチェックする

・チェックは互いに独立したチェック項目を設定する。たとえば、リーダーは作業の目的から見て作業内容が適切かをチェックする。担当者は個々の動作レベルの可否をチェックする、等
・二人のチェックの間に時間間隔を取るようにする。できれば異なる場所でチェックするようにする
・一人が表示装置の値を読み上げ、もう一人が基準値を確認する、といった読み合わせ方式にする
・職場の強い権威勾配のある組み合わせは避ける（2章15項参照）。

●チェックの質を上げる

チェック方法にも質があり、チェックの質を上げる（厳重にチェックする）と、手間がかかります（左ページ参照）。

したがって、求められるチェックの厳重度合（製造不具合の重大度合）に応じてチェック方式を工夫します。

ダブルチェックのやり方

ダブルチェックの効能

ダブルチェックは通常、重大な製造不具合につながる恐れの高い場面で行なう。

チェックをダブルにすると、次のように計算上はエラーの確率が激減するが、なかなか計算どおりにはいかない。

計算上の確率に近づけるには、チェックのやり方に工夫が必要になる。

例 100回に1回エラーをするAさんと、同じ頻度でエラーするBさんの2人でダブルチェックをすると、エラーの頻度は計算上1万回に1回になる。

1/100　×　1/100 =　1/10,000

チェックの質を上げる方法

ダブルチェックでは、そのチェックのやり方、即ちチェックの質が重要

➡ 手間をかけるほどチェックの質は上がる

レベル	方法
第1レベルのチェック	実施したか、実施の方法は適切か、実施結果はよかったか、などのチェック結果を○×で記録するシンプルな方法 一番手間のかからない方法
第2レベルのチェック	チェック項目の実測数値（長さ、重量、圧力、温度など）そのものを記録する方法 少し手間はかかるが、チェックの質は高まる
第3レベルのチェック	第2レベルで行なった実測値の記録にプラスして、許容値や目標値に対する判定結果（○×）も記録するやり方

SECTION 72

チームとは目的を共有する集団だ

チームワークの向上

製造不具合を起こさないという共有化された目標に向けて、チームとしての協力でミスを早期発見できるようにすることが大切。

●チームワークとヒューマンエラー

　作業や業務をたった一人で独立して行なうケースは少なく、多くの場合、チームとして、または共同作業として行ないます。

　一人では対応がむずかしいことでも、次のように複数のメンバーで協力（チームワークの力）することにより、製造不具合を発生させない仕事の進め方が生まれてきます。

・あるメンバーがエラーを起こしても、他のメンバーが気づいて注意したり、リカバーすることにより、チームレベルでは製造不具合を防止できる

・エラーを起こして慌てているメンバーに、他のメンバーが冷静にアドバイスすることで落ち着いた対応に導ける

・ダブルチェックを役割分担して、効率的に行なうことができる

　チームワークが悪いと、他のメンバーのエラーに気づいても、指摘や注意をしないといった、無関心、ネガティブ行動が生まれます。

●チームワークを高めるには

　チームワークを高める要素には次の四つがあります。

①相互協力……メンバー間の協力関係が大切であり、これはチームの協力ルールとして明確にすることで、より効果的に展開できます。

②参画意欲……参画意欲を高め、自主的で自律的な行動を促すために、リーダーは具体的で明確な仕事内容を指示することが重要になります。

　そして、怠けている人と、熱心にやっている人それぞれに、正しい評価や指導をすることです。

③目標の共有……メンバー全員が目標を理解し、納得していると、チームは一丸となり、お互いの協業体制もより高まります。

④情報の共有……途中経過の情報、目標の達成度合、顧客の反応や意見などを共有化すると、よりオープンな組織体質になります。

　そして、これらの四つを日々発揮できるようにするには、日頃の「コミュニケーション」がベースとなります。

チームワークを高めよう！

チームワーク（teamwork）とは

同じ集団に属している人々が、集団の目標を達成するために、役割分担して行なう作業や行動の協働である

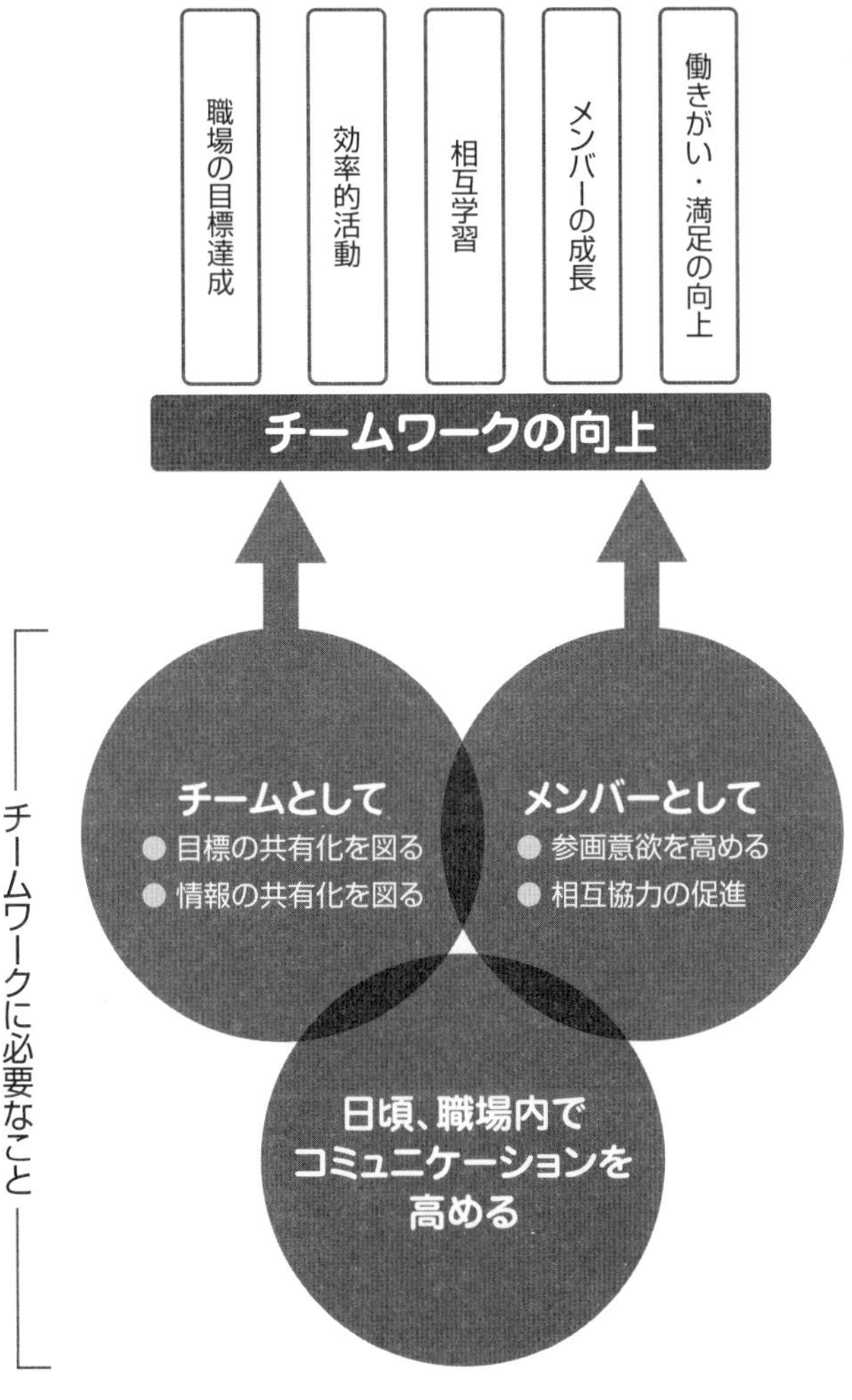

SECTION 73

コミュニケーションは生産活動のインフラだ

コミュニケーションの活性化

リーダーはメンバーのコミュニケーションを高めることが大切な責務であり、リーダーの役割遂行に欠かせない。

人と人との間の意志または情報の伝達（コミュニケーション）なくしては、一瞬といえども生産活動や改善活動を続けることはできません。

人体を活動体にたとえると、血流が止まれば（コミュニケーションがなくなれば）、たちまち機能不全（活動の停止）に陥るのと同じです。

●コミュニケーションとミス

コミュニケーションにはフォーマル（公式）とインフォーマル（非公式）の両面があります。

作業現場のヒューマンエラーの面から見ると、次のように、この両面とも大切です。

▽指示・命令→実施→報告というサイクルで、仕事は回っています。

作業などの指示（フォーマル・コミュニケーション）が適切でないと、仕事のサイクルは適切に機能せず、ヒューマンエラーを誘発しやすくなります（2章14項参照）。

▽仲間同士が相互にミスの危険性へのアドバイスや注意(インフォーマル・コミュニケーション）を適切に行なわないと、製造不具合の早期発見や予防ができなくなります。

●非公式コミュニケーションの進め方

フォーマル・コミュニケーションは、組織・職制にのっとって行なわれるコミュニケーションです。

しかし、これを円滑にするには、インフォーマルなコミュニケーションが欠かせません。職場リーダーは折に触れ、次のようなインフォーマル・コミュニケーションを部下との間で行なうことが大切です。

・挨拶
・互いの仕事の情報交換
・雑談（会社やスポーツの話など）
・プライベートな会話（趣味、家族、ペットの話など）

日頃から、このようなインフォーマルなコミュニケーションがスムーズに行なわれるようになると、チーム内での相互のアドバイスや注意なども、インフォーマルに活発に行なわれ、作業上のミスの予防につながります。

コミュニケーションの重要性

コミュニケーションの役割

- 情報・意志を的確に伝える
- 情報・意志を好意的に受け止められる
- 情報・意志に沿った行動を起こす
- 職場間、上下間で行なわれる分業的仕事の調整・統合をする

フォーマル・コミュニケーションは、インフォーマル・コミュニケーションに支えられている

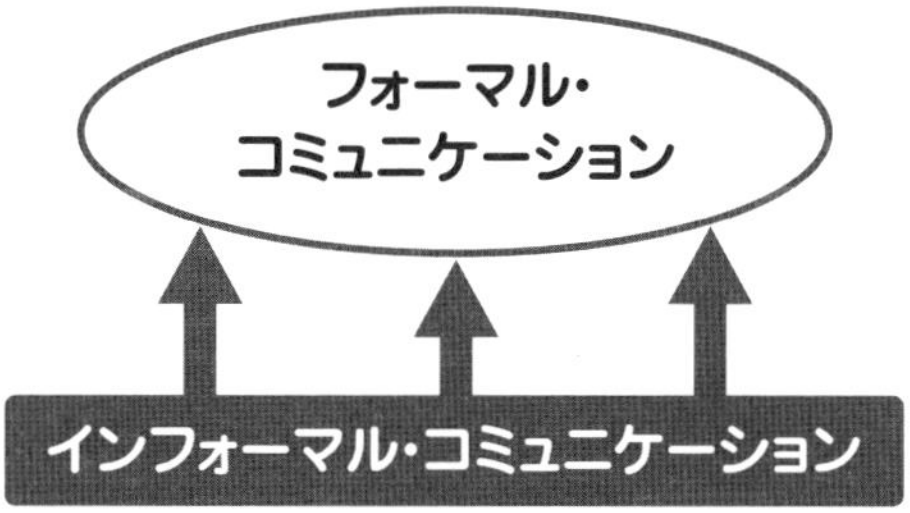

フォーマル・コミュニケーションのパターン

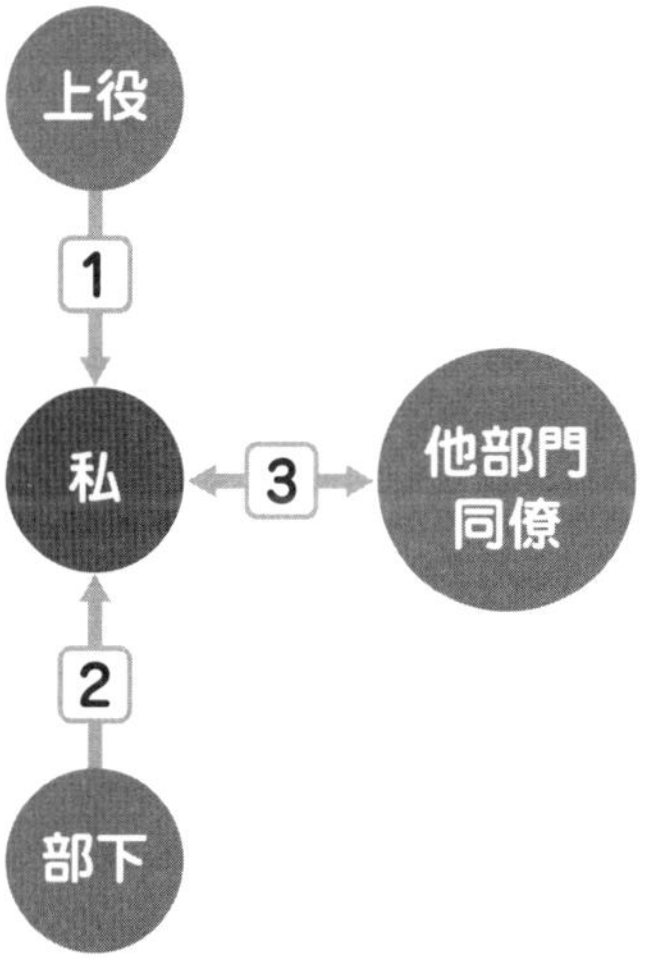

フォーマル・コミュニケーションには、3つのパターンがある

1. 上から下へのコミュニケーション
   - 指示・命令、伝達
2. 下から上へのコミュニケーション
   - 報告、連絡、提案、意見
3. 横のコミュニケーション
   - 連絡、調整、会議

SECTION 74 TBMは現場の日常管理に欠かせない

ツール・ボックス・ミーティング(TBM)とは

日々気持ちを新たに、作業の前に重要な作業ポイントを指示し、確認させることがミスの予防につながる。

●TBMとは何か

ツール・ボックス・ミーティング(TBM)とは、職場のリーダー(監督者)が主催して、作業前に後述するような点をメンバーに指示・指導し、周知するミーティングをいいます。

これにより、本日の作業に関連して品質や安全に関するポイントを確実に認識させて、ヒューマンエラーの発生防止につなげたり、指差呼称、ストップ・ルックなどの活動を確実に行ない、ミスの早期発見を確実にできるように職場管理をします。

●TBMのやり方

TBMは朝礼後に行なったり、また必要に応じて作業中にも、次のような項目について行ないます。

・その日の作業の指示
・作業内容や作業方法・段取り方法などについての説明や指導・指示
・品質上の説明と対応方法、とくにヒューマンエラーの危険性の注意
・安全に関して、危険要因の特定と対策の指導
・メンバーの健康状態の確認(8章64項参照)

このようなTBMのやり方のポイントとしては、5~10分程度で簡潔に行なうこと、そして全メンバーが参加して行なうことです

TBMとは、こうしたテーマでのミーティングの際に、工具箱(ツール・ボックス)に座って行なったために、この名称がついたといわれています。

●日々のTBMを重視する

品質、安全などを確保するために、TBMを行なうことは大切ですが、次のような面から、これをないがしろにするケースが見受けられます。

・同じ職場のメンバーで、仕事もわかっているので、改めて行なわないでいい
・決まった作業を行なうので、改めて行なう必要がないと思っている。
・忙しい朝に時間を取るのはもったいないと思っている

しかしヒューマンエラーを予防するには、TBMを軽視することなく実施することが「継続は力なり」となります。

ツール・ボックス・ミーティング（TBM）の重要性

職場のリーダーの現場マネジメントとして行なう

狙い

- フォーマルなマネジメントとして、作業の指示・命令の一環として行なう
- 作業の直前に行なうことにより、効果的にヒューマンエラーの注意点の確認や、自己チェックの浸透を図る
- 作業上のポイントの記憶をリフレッシュする

COLUMN 9

神は細部に宿る…ヒューマンエラー防止活動の要

「神は細部に宿る」という言葉があります。

「本当に素晴らしい美術品や建築物、技術などは、見た目の印象はもちろんのこと、一見しただけではわかりづらい細かい点にまで心が配られている。ディテールこそが作品の本質を決定するので、何ごとも細部まで心を込めて行なわなければならない」という意味で使われています。

このような芸術活動、モノづくり活動などへの取り組み姿勢は、細部まで徹底してつくり込む日本人が得意とするところです。芸術活動では、精緻な実物写生の作風が近年再評価されている伊藤若冲のように、細部にまで心を込めた画風は日本独自のものといってもいいでしょう。

モノづくりの世界では、製造現場でのモノに関する整理・整頓・清掃などの細部の管理である、５Ｓ活動があります。このモノのあり方を細部まで追求する５Ｓ活動が、日本の高度成長時代にモノづくりの効率化を推進してきた原動力の１つとなりました。

「ヒューマンエラー対策活動」という作品から見たとき、指差呼称活動はそのディテール（細部）ともいえるでしょう。

この活動は、明治末年に国鉄の神戸鉄道管理局で、当時目が悪くなった機関手が、機関助手に何度も信号の確認をしていたのを、同乗していた同局の機関車課の上司が見て、機関手の目が悪いことに気がつかずに素晴らしい安全確認活動であると賞賛し、この安全確認方法をルール化したものといわれています。

その後、指差呼称活動はミス防止の効果が高いことが評価され、製造業、建設業などでも広く行なわれるようになりました。

目的にマッチした活動を、細部まで的確に研ぎ澄ました取り組み姿勢と遂行能力で、ヒューマンエラーを極力なくしていきたいものです。

10章

これからの ヒューマンエラー対策

SECTION 75 高齢化は日本の避けて通れない道

高齢化社会とヒューマンエラー①

高齢化社会に立ち向かうには、職場での高齢者の受け入れ態勢を築くことが大切だ。

●高齢化社会と日本

日本の総人口は2010年の1億2800万人をピークに減少が始まりました。人口推移のうち、経済・労働環境を考えるうえでとくに問題になるのは、生産年齢人口（15～64歳の人口）です。

2010年に8000万人以上だった生産年齢人口は、2030年には6700万人と大幅に減ると予測されています。

対策がないままでは、労働力人口も減り、経済規模や労働市場の縮小に直結します。

このような高齢化社会の中で、高齢者の多くも生きがいとして働くことを望み、企業も労働力の確保の面から高齢者を活用することが、重要なテーマとなってきました。

高齢者を生産現場に迎え入れるには、高齢者特有の心身面の機能・能力の低下などの要因で発生する、ヒューマンエラーへの対応が重要な課題となります。

●高齢者のヒューマンエラーの傾向

高齢者のヒューマンエラーは、次のような機能や能力の低下や、情緒傾向から生じてきます。

▽**視力・聴力の低下**（次項参照）

▽**運動機能の低下**（次項参照）

▽**記憶力の低下**

▽**高齢者の情緒行動**……「思い込みが激しい」「過去の知識や経験からものごとを判断しがち」「自分の主義主張に頑なにこだわる」「環境や状況変化に柔軟に対応できない」「他人の注意やアドバイスを素直に聞かない」といった、若者とは違う傾向があります。

●記憶力の低下

記憶には感覚記憶、短期記憶と長期記憶の3種類があることはすでに述べました（3章19項参照）。

感覚記憶は視覚や聴覚などを通して保持されるため、加齢による感覚機能の低下に伴って低下します。

短期記憶は高齢者でもそれほど衰えず、長期記憶も低下は少ないといわれています。問題は短期記憶が転送されて、長期記憶を形成する能力が低下してくる点にあります。

高齢化社会への対応

高齢者を活かす職場づくりの方向

加齢による機能、能力の低下への対応を進める	● 補助装置、ITの活用 ● 作業環境の改善 ● 能力の個人差を配慮した安全な職場づくり
高齢者の情緒行動の受け入れと対応を進める	● 本人の尊厳を重視した気づきへの教育 ● 危険予知などのトレーニングの実施
高齢者向け勤務形態に配慮する	● 夜勤勤務の軽減などの改善 ● 休憩の取り方の改善 ● 健康管理の充実
高齢者のノウハウ·技術を活かす環境づくりを進める	

高齢者の記憶力低下への対応策 ～感覚記憶と短期記憶への対策～

外部からの刺激に対して、感覚器官で瞬間的に数秒程度の記憶として保持される記憶が感覚記憶で、この記憶は意識上には上がってこない。

感覚記憶は受け取った刺激の情報をほぼそのまま記憶するが、処理されなければすぐに失われる。

受け入れた感覚記憶のうち、注意を向けられた情報だけが短期記憶として保持される。

感覚記憶·短期記憶の喪失への対策例

- 作業要素の削減や単純化を図る
- 手順は逐次、指示する
- 作業途中での中断は、中断状態であることを見える化する
- 作業手順書は文章ではなく、図表や略図を活用する
- 作業手順書は簡素化する
- 自動停止装置などを活用する
- 機械速度を遅めに設定する

SECTION 76

高齢者の機能・能力低下への対応を考える

高齢化社会とヒューマンエラー②

加齢とともに現われる視力低下と運動機能の低下。その対応が高齢者活用のキーポイントだ。

●視力の低下

高齢化に伴う視力の低下は顕著です。視力が低下しているのに無理に見ようとすると、眼痛・目のかすみ・まぶしさなどの目の症状が起こったり、頭痛・肩こり・吐き気などの全身症状が出現する眼精疲労を招いたり、見誤りのヒューマンエラーを生じたりします。

▽**近くを見る視力の低下**……多くの人は40代頃から目の水晶体が硬化し、近くのものに焦点を合わせることが困難になってきます。

▽**より明るい光が必要**……加齢に伴い、水晶体の透明度が低下するため、60歳の人が文字を認知するには、20歳の人の3倍の光が必要といわれています。

▽**色覚の変化**……加齢に伴い水晶体が黄色みを帯び、色の認識が困難になります。例えば、青い背景上の黒い文字が読みにくいなどの現象が出てきます。

▽**明順応、暗順応の低下**……瞳孔の反応速度が低下し、光の量の調節に時間がかかるようになります。急に明るい、または暗い環境になったりすると、最初のうちはものが見えにくくなります。

●運動機能の低下

運動機能は次の七つの要素に分けられます。

これらの機能の低下は高齢化とともに進み、認知特性の行動の段階での動作ミスや動作の遅れなどによりヒューマンエラーを生じたり、疲労の蓄積によりヒューマンエラーをより誘発しやすくなる要因となります。

①**筋力**……握力、背筋力、屈腕力などを要する動作をするときに発揮される力

②**筋持久力**……モノを持ち続けたり、繰り返し持ち上げるときに発揮される力

③**瞬発力**……投げる、打つ、跳ぶなどの瞬発反応をするときに発揮される力

④**敏捷性**……全身跳躍反応、動作速度など自分の思うように身体を動かす力

⑤**柔軟性**……身体を反らすなど、関節を取り巻く組織の弾力性

⑥**全身持久力**……疲労回復力や運動し続けるときに発揮されるスタミナ

⑦**平衡性**……平衡機能に基づいた身体のバランス調整力

高齢者の各種機能水準

**20〜24歳、ないしは最高期を基準(100%)とした
55〜59歳の相対的水準**

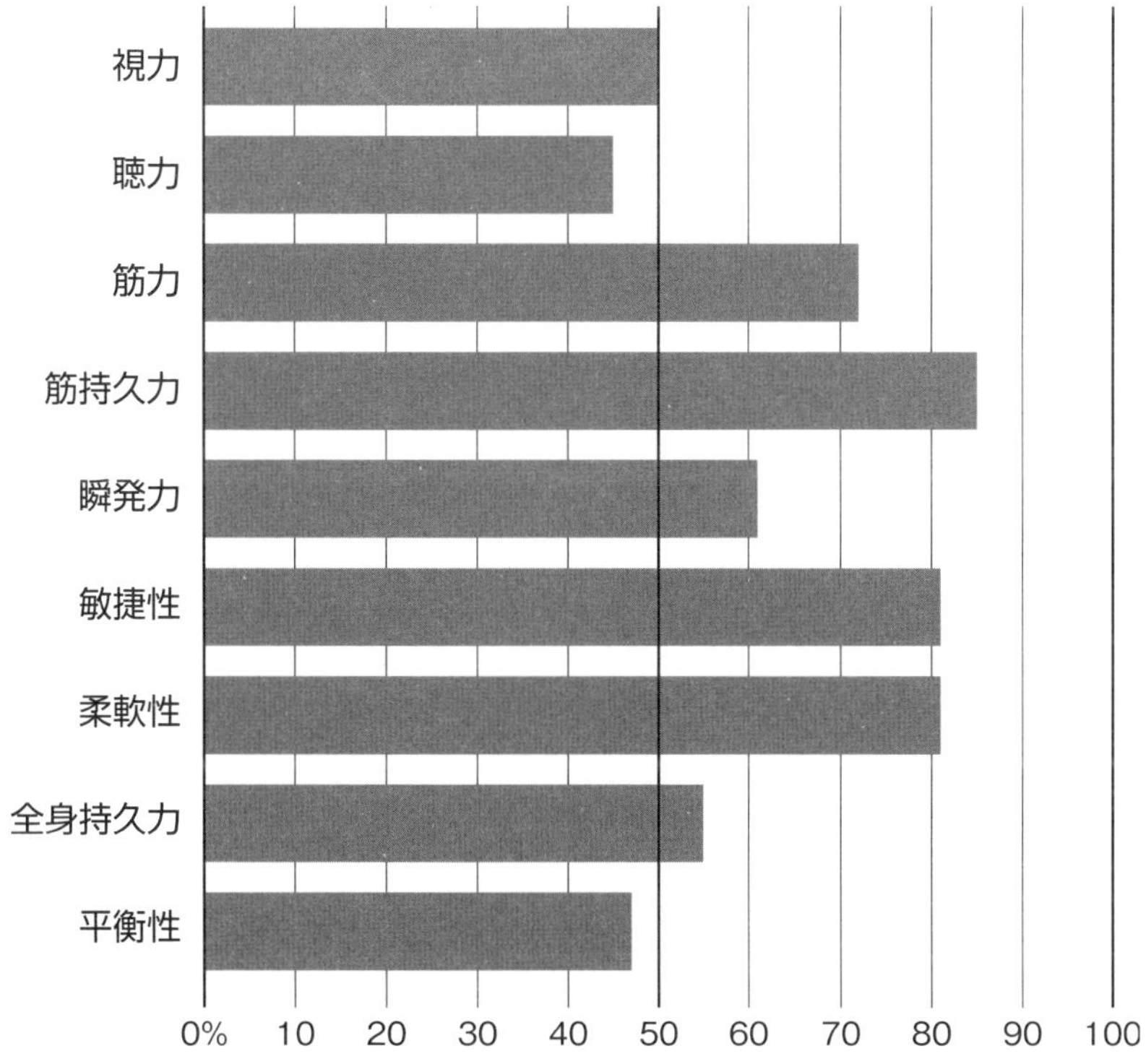

(斎藤一「加齢と機能の関係」—『労働の科学』22(1)1967年 をもとに作成)

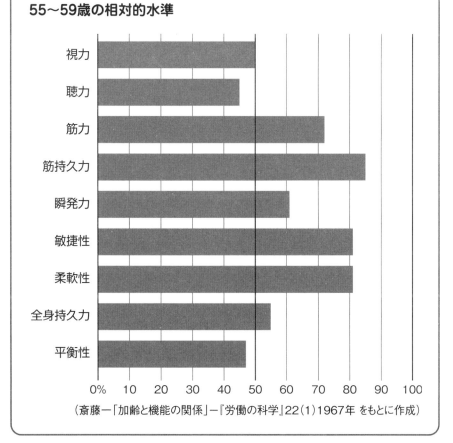

SECTION 77 男女差への的確な対応が求められる

女性の現場進出とヒューマンエラー

男女間の身体差、筋力差は大きい。女性の社会進出にはこの男女差への対応策が欠かせない。

●女性が活躍する製造現場

生産年齢人口を増やす施策の二番目は女性の社会進出の促進です。女性の就業状況は、全産業ベースでの女性比率は約44%となっていますが、製造業では30%程度であり、1990年代初めをピークに減少傾向にあります（総務省「労働力調査」平成27年）。

女性の活躍を製造現場で促進するには、女性が働きやすい作業環境の中で「労働の質」を高められるような（疲労を抑制し、ヒューマンエラーも起こさない）改善が欠かせません。

●男女の身体差への配慮

▽作業台の高さの配慮

男性の平均身長は172cm、女性159cmでその差は13cmです。男性に適切な作業台の高さでも、女性にとっては高すぎ、疲労や筋肉痛を生む原因になります。女性間の身長のバラツキも含め、きめの細かい高さの調整ができるようにすることが必要です。

▽保管位置の配慮

腕の長さの差も作業性や動作効率の面に影響します。床面から腕を伸ばした指先まで男性の平均は218cm、女性200cmでその差は18cmです。この点を配慮して女性が主体の作業域では、部品や工具などの保管位置を低くします。

●男女の筋力差への配慮

部位にもよりますが男女の筋力差は大きく、たとえば握力では男性約50kg、女性約30kgで、女性は男性の60%程度となっています（「平成20年度 体力・運動能力調査」文部科学省）。

女性が働きやすい作業環境にするには、筋力の負担の少ない作業環境、すなわち「軽労化」への取り組みが欠かせません。この軽労化はとくに次のような面に関して必要です。

・運搬・移動労力の軽減→少ない筋力で作業するための補助装置の活用
・作業時に製品などの保持力の軽減→保持具や固定装置などの活用
・治工具や機械の操作力の軽減→軽い操作力で動作する治工具の採用
・部品の組み付け力の軽減→組み付け治具や工具の採用

女性が働きやすい作業環境づくり

改善項目		着眼点	改善例
作業姿勢の改善		● 立ち作業 ● 座り込み作業 ● 屈み込み作業 ● 不自然な姿勢	● 椅子の工夫 ● 作業台の高さ ● 作業台の活用 ● 機械・冶工具の操作位置
運搬作業	上下移動	● 持ち上げ力の減少 ● 持ち上げ距離の削減	● 吊り上げバランサーの利用 ● 保管場所の高さの改善 ● 自重、シュートの活用
	水平移動	● 運搬距離の削減 ● 運搬具の改良	● 作業域のレイアウト改善 ● 運搬具の機動化
筋作業の軽減		● 使用する筋力の低減 ● 動作・取り扱い回数の削減 ● 機械などの操作力の軽減 ● 部品組み付け力の軽減	● 動力工具の利用 ● 締め付けに油空圧の活用 ● 両手動作化で筋力の軽減化 ● 脚力の活用 ● 身体の最適部位（先端部位）の活用化 ● ガイド、ストッパーの設置
視覚・聴覚での疲労防止		● 視認しやすい工夫 ● 見間違いしにくい工夫 ● 見やすい位置・方向	● 照明を明るく ● 手元の照明を明るく ● 図面などの字の大きさの工夫 ● デジタル表示の活用 ● 計器、スイッチなどを視野の中心に配置 ● 騒音の低減

SECTION 78

国際化に対応した労働環境の整備

外国人労働者の受け入れとヒューマンエラー

言語・慣習・宗教などの違いを乗り越える知恵と工夫が欠かせない。

●外国人労働者の受け入れ

少子高齢化対策の政策が進展し、出生率が上がっても、その子供たちが生産年齢人口になるのは20年後です。

このため生産年齢人口を維持するには、最低でも年間約60万人程度は外国人労働者の受け入れが必要と予測されています。

とくに製造業や土木・建設などの業界では不可避でしょう。

●外国人労働者の課題

外国人を労働者として受け入れる際には、国民性、言語、慣習、宗教面での異なる文化特性による「労働の質」に関するリスクも存在します。

そのリスクの代表的なものとして、製造不具合を引き起こすヒューマンエラー問題があります。

▽国民性によるリスク

一般的には外国人労働者は職場の仲間と協調・協力して仕事を進めるというメンタル傾向が低く、ミスを認めない、自己主張が強い、遅刻や無断欠勤をする、すぐ転職するということもよくある現象です。

このため作業品質を確保し、ヒューマンエラーを防止するうえで大切なのは、作業マニュアルで作業内容を詳細、かつ具体的に明確にして、さらに教育などの場を設けることです。

また、勤務規律の徹底も重要で、これが崩れると勤務姿勢とともに、作業マニュアルの順守も瓦解します。

▽コミュニケーションが取れない

製造作業ではすり合わせ的な作業が常に必要で、ヒューマンエラー防止のためには、各担当者間のコミュニケーションが必須です。

そこで仕事の進め方の基本について、外国人の母国語を併記して掲示したり、ときには通訳者を介してきちんと朝礼で訓示を行なうことなども必要です。

さらには、現場での製造作業に関する日程や品質のＰＤＣＡを予定・実績のグラフなどを掲示してより見える化し、常に仕事の状況や問題点を理解できるように働きかけることも必要です。

外国人労働者の雇用

外国人労働者雇用のメリット・デメリット

メリット

- 少子高齢化の中で、とくに製造業や建設業では若手労働者が減少している。そこで筋肉労働、高所作業など若手労働者に向いている作業を任せられる
- 一般的には、遠方より賃金を得るために来ているので労働意欲が高い。また、賃金だけでなく技術・技能を習得したいという意欲もある
- 同じ若手労働者を雇用するにしても、少ない人件費で雇用できる
- 海外に工場展開する計画がある場合は、その国の労働者を雇用することで文化や慣習がわかり、進出するときの参考になる

デメリット

- 文化や慣習の違いで誤解が生じ、それが労働意欲を低下させてしまう
- 会社以外の場で、たとえばごみの分別方法を知らない・守らないなどの私生活面でのトラブルが起き、メンタル面で不安定になり、仕事のミスの要因にもなる
- 雇用の手続きなどが面倒

仕事への取り組み姿勢についての「掲示」の例

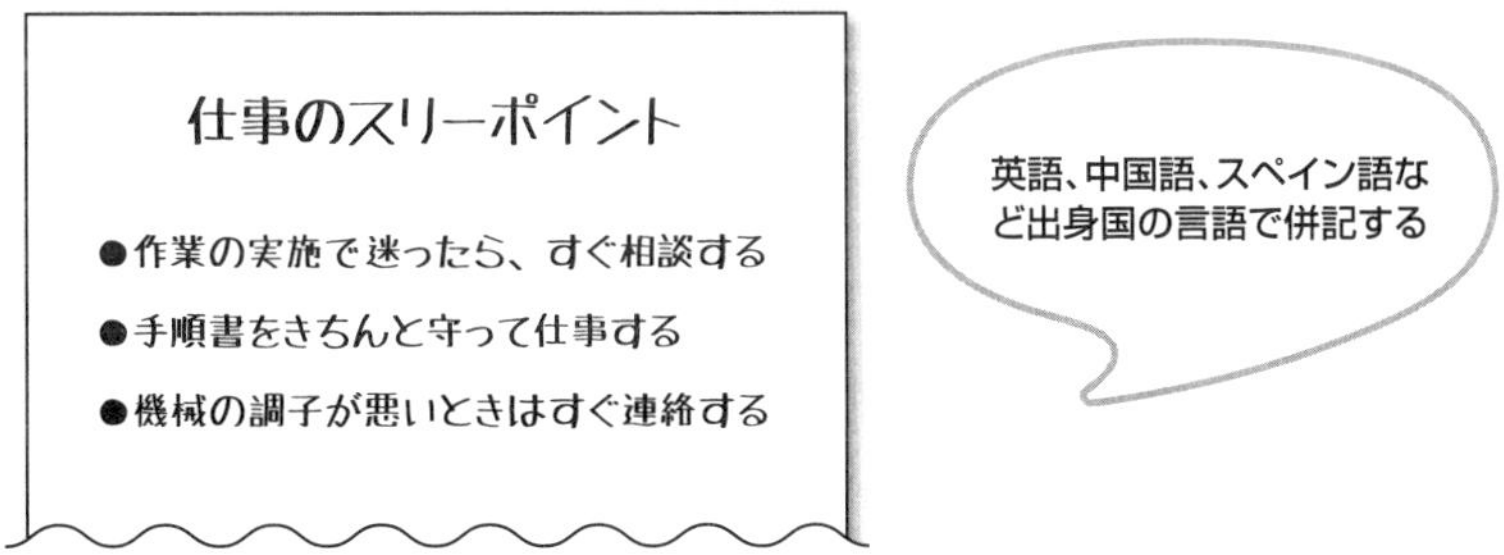
仕事のスリーポイント
●作業の実施で迷ったら、すぐ相談する
●手順書をきちんと守って仕事する
●機械の調子が悪いときはすぐ連絡する
英語、中国語、スペイン語など出身国の言語で併記する

SECTION 79 労働安全は経営責任として推進する

経営責任とSDGs活動

労働災害の多くはヒューマンエラーから生まれるといえる。安全はよい仕事のためのインフラだ。

「安全で健康な生活」を誰もが求めていますが、働く現場では毎年約48万人の人たちが、死亡したりケガをしたり病気になったりしています。

最悪のケースである労災死亡者は、製造業では年間137人（令和3年）にのぼっています。

労働災害は、本人にとって不幸、会社にも不幸（社会的責任を問われ、生産業務の阻害など）、社会にも不幸（生産力の損失）を発生させます。

●これからの経営責任

働く意義と価値は、労働の安全のうえに成り立っているものだとの自覚を経営者は高める必要があります。

労働安全に向けた経営活動のためには、行政による法規制の順守の徹底と、さらにより前向きに、人類の将来を見据えたSDGsへの対応を検討する姿勢が大切です。

●労働災害と経営責任

労働災害に対する経営責任が、世界的により厳格化される傾向があります。

韓国では「重大災害処罰法」が新たに施行されました。1人以上の死者、または2人以上の重傷者が作業現場で生じた場合に、安全対策を怠った経営者などを処罰する法律で、1年以上の懲役刑または10億ウォン以下の罰金刑が科せられます。

このような経営責任をより厳格に問う流れは、先進国を中心により強くなる傾向が見られます。

●SDGsの視点からの経営責任

持続可能な開発目標（SDGs）は、人類が生存するために必要な目標であり、経営者にとっても、これに向かった経営努力が求められています。

その「目標8」のターゲットの一つに、「生産活動や適切な雇用創出、起業、創造性及びイノベーションを支援する開発重視型の政策を促進する〜〜」というものがあります。

このようなターゲットを前向きに解釈し、労働安全の面から働きやすい労働環境をつくり出すことが、経営者の責務として、より強く求められているといえるでしょう。

経営活動とSDGs

SDGs（持続可能な開発目標）とは

持続可能な開発目標（SDGs:Sustainable Development Goals）とは、2015年9月の国連サミットで加盟国の全会一致で採択された、2030年までに持続可能でよりよい世界を目指す国際目標です。

SDGsは17のゴール（目標）と169のターゲットから構成され、地球上の「誰一人取り残さない（leave no one behind）」ことを誓っています。

SDGsは発展途上国のみならず、先進国自身が取り組むユニバーサル（普遍的）なものであり、日本としても積極的に取り組んでいます。

SDGs（持続可能な開発目標）と労働安全衛生

SDGsの中の目標に、労働安全衛生に関連する目標として、次のようなものがあります。

- 目標3　「すべての人に健康と福祉を」
  …あらゆる年齢のすべての人々の健康的な生活を確保し、福祉を推進する

- 目標8　「働きがいも経済成長も」
  …すべての人々のための持続的、包摂的かつ持続可能な経済成長、生産的な完全雇用およびディーセント・ワーク（働きがいのある人間らしい仕事）を推進する

SECTION 80 これからの経営は「人間中心」に

人間中心の経営とヒューマンエラー

従業員満足度の高い企業経営が長寿企業を生む。そこではヒューマンエラーの撲滅が欠かせない。

●人が主役のモノづくり経営

企業経営の究極の目的は、企業を取り巻く厳しい経営環境を勝ち抜いて、100年企業、200年企業になることです。

そのために企業に求められるのは、

・高い能力とモチベーションを持った人材（人財）を育て、確保すること

・その人材が効果的に改善活動を展開できる環境を整備すること

このような経営活動の成果によって、業務効率と顧客満足度の向上を実現でき、結果として長寿企業の実現へと結びつきます。

こうしたことは、モノづくりを行なう企業においては、「人が中心のモノづくり経営」といえます。

人の能力とやる気が高まって、作業や業務が効果的に展開でき、またその改善が進むことで、結果としてＱＣＤの高い状態の経営が実現できます。

このような視点から、モノづくりの経営資源は「４Ｍ」ではなく「『Ｍａｎ』＋３Ｍ」ととらえるのが適切です（1章6項参照）。

●従業員の活性化とヒューマンエラー

生産の活動の中心にいる「人」の満足度、即ち「従業員満足度：ＥＳ」が低い会社が、いくら「顧客満足度：ＣＳ」を標榜して生産活動として展開しても、その目的を達成することはむずかしいでしょう。

従業員満足度を高める大切な要因の一つに仕事の達成感があります。

いい仕事をやり切ったという高い達成感は何ものにも代えがたいものです。達成感があれば従業員としてのモチベーションも高まります。

この達成感を阻害するものにヒューマンエラーがあり、従業員のモチベーションの低下や、疲労感の増大へとつながり、結果として従業員満足度の低下になってきます。

このような面から、ヒューマンエラー防止対策によって得ることのできる従業員満足度の向上は、企業の勝ち残りのためには欠かせない、重要な経営課題になってきています。

人にやさしい経営とは

100年、200年企業を目指して

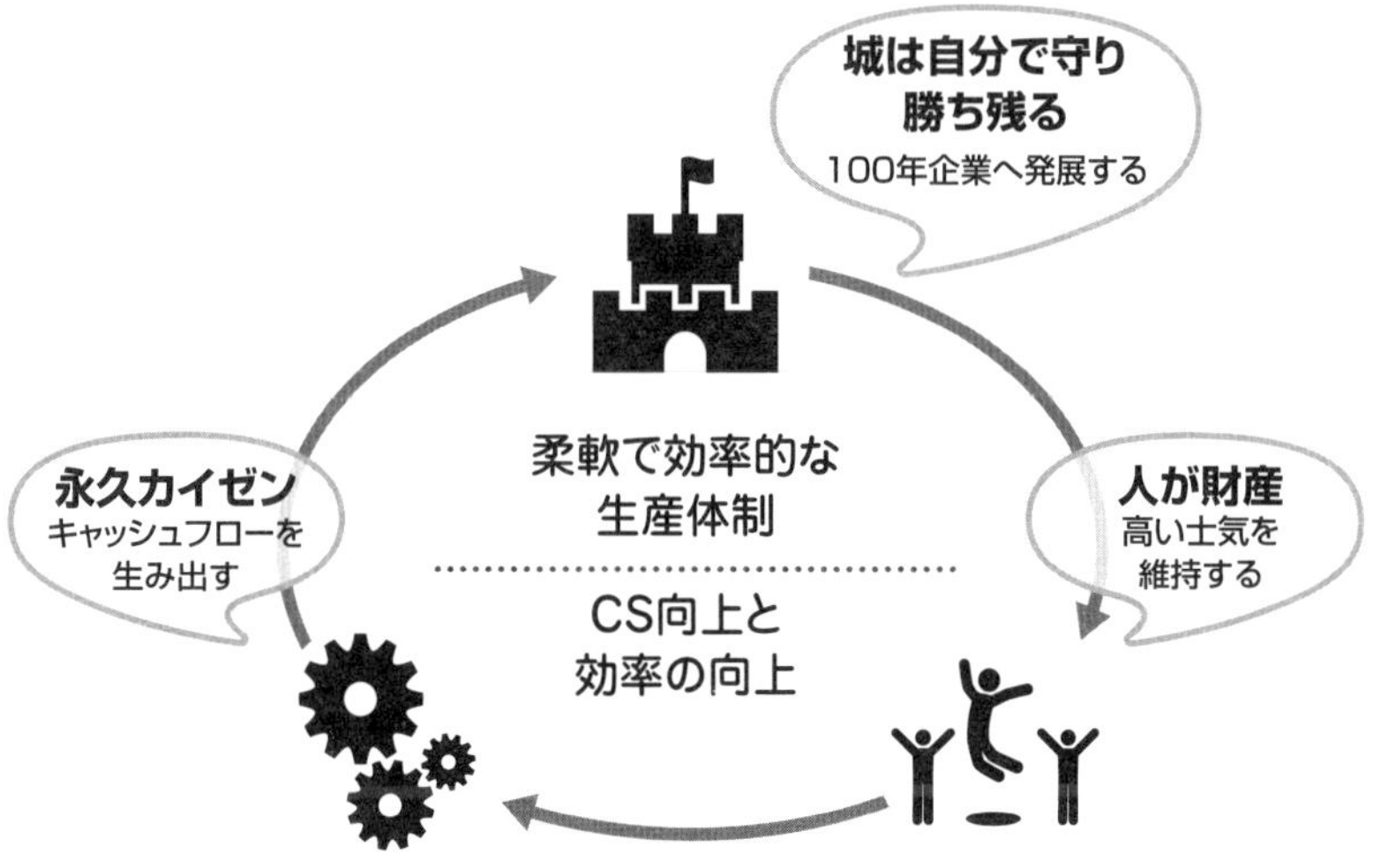

従業員満足度（ES）⇒顧客満足度（CS）⇒利益の創出を連鎖させる

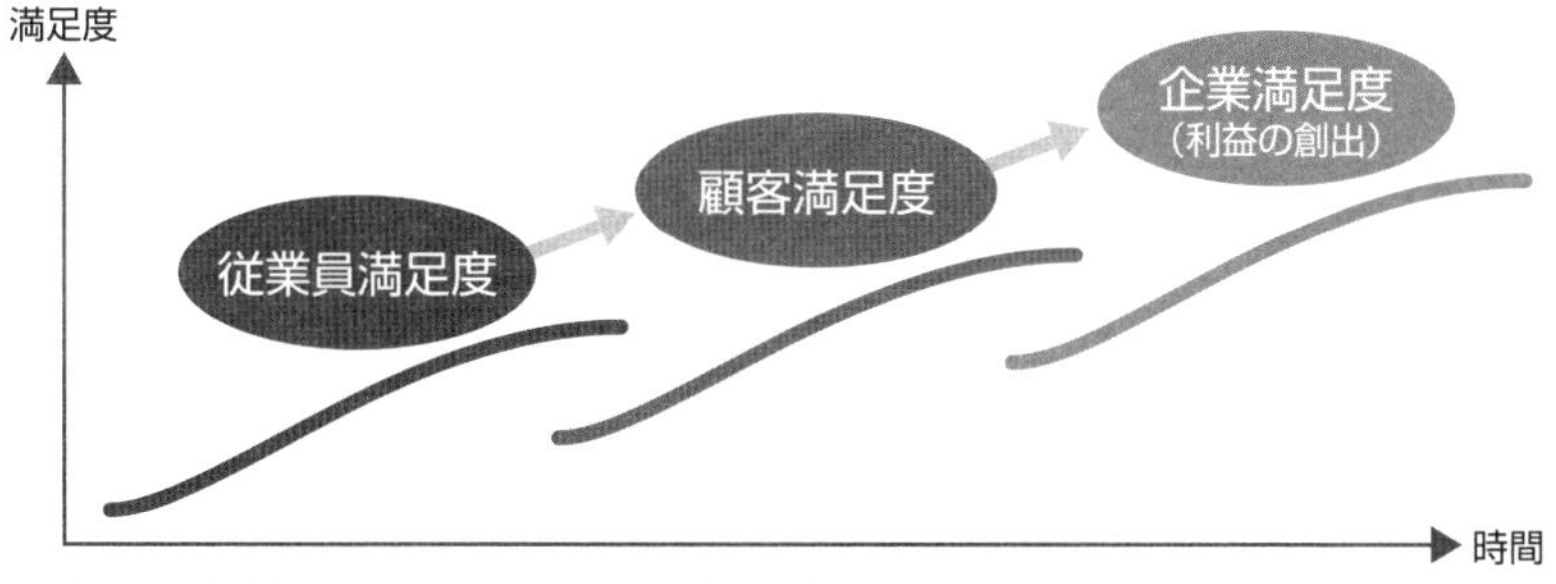

従業員満足度を高めるには……

- よい職場環境
- よい人間関係
- 適切な評価・認知
- 給与・福利厚生の向上
- 仕事の達成感向上（ヒューマンエラーの減少）

QCD：製造業でもっとも大切な要素である「Quality＝品質の達成」「Cost＝コストの低減」「Delivery＝納期の順守」

4M：生産の4要素である「Man（人）」「Machine（設備）」「Material（材料）」「Method（方法）」

COLUMN 10

小さなミスこそ宝の山だ

小さなミスは、えてして隠されがちです。

小さなミスについての報告制度が会社にあっても、「そのヒヤリ・ハット報告書を書くのが面倒だし、時間もない」「そんな報告をすると笑いものになる」「上司から叱られるし、査定にもひびく」などの理由で、小さなミスは闇から闇へと葬られやすいのです。

しかし、ミスを防ぐという点からは、小さなミスの報告やその情報の共有化は大切です。前述したハインリッヒの法則のように、製造不具合の発生という重大なミスの背後には 29 の軽微なミスと、300 件のヒヤリ・ハットが発生しています。

小さなミスは、重大なミスの発生傾向を網羅しています。小さなミスをシッカリと見つめ、そのミスの再発防止対策をこまめに打つことが、重大なミスを予防する王道といえるでしょう。

ミス報告制度が、製造ミスなどの予防に役立つことは理解できても、現実としては報告者に不利な事態を招くリスクもあり、実態としては有効に活用されていない企業が多いでしょう。

航空界の先進国である米国では、世界に先駆けて航空分野の安全に取り組んでいますが、報告者が安心して報告できるよう、次のような特権を与える航空安全報告制度（Aviation Safety Reporting System）を制定し、運用しています。

この安全報告制度では、「免責性：報告者が自分の失敗を報告しても処罰されない免責特典」「匿名性：報告者を類推できないようにする匿名性の確保」「簡易性：手軽に報告できる仕組み」「貢献性：報告情報を共有化し、安全推進に貢献する」などを制度として確立し、効果を出しています。

製造ミスに関するヒューマンエラー対策でも、大いに参考になります。

著者略歴

吉原 靖彦（よしはら　やすひこ）

東京都立大学工学部卒業。大手工作機械メーカーで生産管理、製造、設計などの実務に従事する。（社）中部産業連盟に入職し、コンサルティング部長などを歴任。2010年に㈱マネジメント21を設立し、現在、同社代表取締役、全日本能率連盟認定マスター・マネジメント・コンサルタント、JRCA登録主任審査員（ISO9001）。

専門分野は経営管理改善全般、生産管理改善、現場改善、間接業務効率化、ISO9001の認証取得支援などのコンサルティング、人材育成教育、生産管理研修など。

著書として『仕事がどんどんうまくいく「カイゼン」の教科書』『仕事がどんどんうまくいく「段取り」の教科書』『５Ｓによるコストダウンの進め方』『業務別社内マニュアルのつくり方・活かし方』（中経出版）、『まるごと１冊新商品・新事業開発大事典』（日刊工業新聞社）など多数。

なるほど！　これでわかった

新版　図解 よくわかる これからのヒューマンエラー対策

2023年7月28日　初版発行

著　者 ―― 吉原　靖彦
発行者 ―― 中島　豊彦

発行所 ―― 同文舘出版株式会社

東京都千代田区神田神保町1-41　〒101-0051
電話　営業03（3294）1801　編集03（3294）1802
振替00100-8-42935　http://www.dobunkan.co.jp

ISBN978-4-495-53832-3

印刷／製本：萩原印刷　Printed in Japan 2023